AF502547

HENRIETTE D'ANGLETERRE

PAR MADAME

DE LA FAYETTE

AVEC UNE INTRODUCTION

PAR

A^le FRANCE

HISTOIRE D'HENRIETTE D'ANGLETERRE

1562

PAR MADAME

DE LA FAYETTE

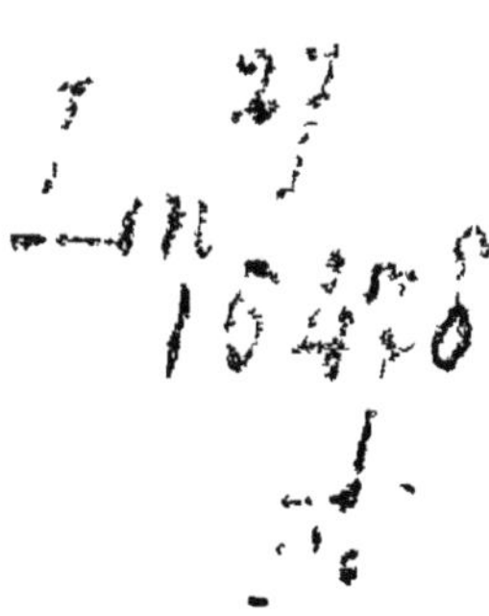

HENRIETTE ANNE D'ANGLETERRE
DUCHESSE D'ORLÉANS
NÉE A EXETER LE XVI JUIN MDCXLIV
MORTE A SAINT CLOUD LE XXX JUIN MDCLXX

HISTOIRE

D'HENRIETTE D'ANGLETERRE

PAR MADAME DE

LA FAYETTE

AVEC UNE INTRODUCTION

PAR

ANATOLE FRANCE

PARIS. CHARAVAY FRÈRES ÉDITEURS

4, rue de Furstenberg, 4

1882

INTRODUCTION

INTRODUCTION

I. COMMENT LE LIVRE INTITULÉ HISTOIRE D'HENRIETTE D'ANGLETERRE FUT FAIT ET QUELLE PART Y PRIT HENRIETTE D'ANGLETERRE.

Marie Madeleine Pioche de La Vergne ayant épousé, en 1655, à l'âge de vingt-deux ans, François Motier, comte de La Fayette, frère de la belle et innocente amie de Louis XIII, allait souvent visiter au couvent des Filles-Sainte-Marie de Chaillot sa belle-sœur qui, sous le nom de mère Angélique, était supérieure de cette maison. Elle y vit Henriette-Marie de France, veuve de Charles Ier, et sa fille Henriette d'Angleterre, encore enfant, qui plus tard épousa le duc d'Orléans, frère de Louis XIV. Les rencontres furent assez fréquentes, car la reine exilée habitait le couvent de Chaillot pendant une grande partie de l'année, et la comtesse se lia peu à peu avec la jeune princesse d'Angleterre. « Cette connoissance, dit madame de La Fayette, me donna depuis l'honneur de sa familiarité, en sorte que, quand elle fut mariée, j'eus toutes les entrées particulières chez elle ; et, quoique je fusse plus âgée de dix ans qu'elle, elle me témoigna jusqu'à la mort beaucoup de bonté, et eut beaucoup d'égards pour moi (1). » Il y avait entre elles une mutuelle sympathie et Henriette, après son mariage, confiait à cette ancienne amie tout ce qui ne touchait pas le *secret du roi*. En 1665, après l'exil du comte de Guiche, qui laissait en partant un vif souvenir à la princesse désœuvrée, celle-ci dit à madame de La Fayette : « Ne trouvez-vous pas que, si tout ce qui m'est arrivé et les choses qui y ont relation étoit écrit, cela composeroit une jolie histoire ? » Et, songeant sans doute à une nouvelle, qu'elle connaissait fort bien, car elle y fit allusion un jour dans une conversation avec Vardes (2), je veux dire la *Princesse de Montpensier*, elle ajouta : « Vous écrivez bien : écrivez, je vous fournirai de bons mémoires. »

(1) Page 5 de notre édition.
(2) Page 100 de notre édition.

Or, d'aller lui dire : non,
Ce n'est pas comme on en use
Avec les divinités.

Madame de La Fayette écrivit ; il y avait dans les mémoires fournis par l'héroïne des endroits délicats : car cette charmante Henriette était, avec beaucoup d'intelligence, de droiture et de bonté, une terrible étourdie. Heureusement madame de La Fayette avait dans l'esprit autant d'adresse que de sincérité ; elle savait tout dire. L'idée de cette histoire fut laissée par fantaisie comme elle avait été prise. Mais en 1669, Madame (son mariage avec le duc d'Orléans donnait ce titre à la princesse d'Angleterre), ayant fait ses couches à Saint-Cloud et n'ayant qu'une cour peu nombreuse, se rappela cette idée et dit qu'il fallait la reprendre. Elle fut si contente de ce qu'écrivit madame de La Fayette, qu'elle y ajouta quelques morceaux de sa main. La comtesse prit soin de les marquer d'un signe qui s'est malheureusement perdu à l'impression. Petitot (1) crut retrouver un de ces morceaux dans la quatrième partie ; on y lit :

« Il (le Roi) envoya prier Montalais de lui dire la vérité : *vous saurez ce détail d'elle. Je vous dirai* seu-

(1) Notice sur madame de La Fayette, collect. Petitot, t. LXIV, page 360.

lement que le maréchal (de Gramont), qui n'avoit tenu que par miracle une aussi bonne conduite, etc., etc. (1). »

Petitot remarque d'abord que ce passage est écrit à la première personne et que tout le reste du livre l'est à la troisième. Il fait observer ensuite que la phrase : « *Vous saurez ce détail d'elle* », n'a de sens que si c'est Madame elle-même qui renvoie la comtesse de La Fayette à mademoiselle de Montalais pour s'informer plus amplement. Petitot a raison ; on ne conçoit pas la comtesse parlant au public, ou, pour mieux dire, à la bonne compagnie pour laquelle elle écrivait, et disant : « Une fille de Madame, Montalais, vous fera savoir ce détail. » Au contraire on s'explique très bien que Madame ayant noté rapidement, en vue de son histoire intime, un fait qu'elle ne savait et ne pouvait savoir que par une de ses filles, ait ensuite indiqué qu'il serait bon, avant de rédiger ce passage, d'interroger la fille elle-même.

En 1670, Madame fit le célèbre voyage d'Angleterre dont elle ne revint que pour mourir. Quand survint cette mort désolante, madame de La Fayette avait posé la plume sur le récit de la dernière entre-

(1) Page 115 de notre édition.

vue de Madame avec le comte de Guiche, en 1665. Elle ne la reprit que pour écrire une relation de ces neuf heures d'inexprimables douleurs pendant lesquelles Madame montra une douceur et un courage extraordinaires constamment alliés à la plus parfaite simplicité. Dans cette relation les paroles sont en harmonie avec les choses ; il faut l'avoir lue pour savoir tout ce que vaut la simplicité dans une âme ornée (1).

II. NOTE POUR SUPPLÉER AU SILENCE DE MADAME DE LA FAYETTE SUR L'ENFANCE D'HENRIETTE D'ANGLETERRE.

Ayant dit que la princesse d'Angleterre, fille d'une reine exilée et pauvre, fut élevée dans la simplicité d'une condition privée, madame de La Fayette ajoute que « cette jeune princesse prit toutes les lumières, toute la civilité et toute l'humanité des conditions ordinaires (2). » Cette remarque pleine de sens et qui

(1) Comparez, pour mieux sentir cela, la relation de la mort d'Henriette par madame de La Fayette et la relation de la mort de madame de Beaumont par Chateaubriand (dans les *Mémoires d'Outre Tombe*).

(2) Page 33 de notre edition.

est le résultat d'observations nombreuses et bien faites, laisse entrevoir toute la sagesse d'âme, toute la solidité d'esprit de cette dame qui disait : « C'est assez que d'être » et qui ne s'éblouit de rien. Mais il n'était ni dans le plan de Madame, ni, par conséquent, dans celui de la comtesse de rappeler les détails de cette simple enfance, de dire comment, à sainte Marie de Chaillot, la mère d'Henriette Stuart faisait elle-même les comptes de sa maigre dépense (1), et comment, après le départ du prince de Galles pour l'Ecosse, la reine exilée fut abandonnée de tous ses gens, qu'elle ne pouvait payer. « L'étoile était alors terrible contre les rois », dit Madame de Motteville. Et elle rapporte que, la recevant dans une mauvaise chambre des Carmélites, Henriette de France lui montra une petite coupe d'or dans quoi elle buvait et lui jura « qu'elle n'avoit d'or, de quelque manière que ce pût être, que celui-là (2). » La fille de

(1) « Estant à Sainte-Marie de Chaliot où elle a pratiqué beaucoup de vertus, nous l'avons veue prendre sens répugnance et sens chagrin le soin de sa despence quy a esté en certains temps fort petite; elle en fesoit les contes, et s'occupoit à cela dens un esprit de pénitence et d'humilité » (*Mémoire ayant servi à Bossuet pour l'Oraison funèbre de Henriette-Marie de France, Londres,* 1880, in-4°, p.p. 27-28). Ce mémoire, fort curieux, a été publié pour la première fois par M. Gabriel Hanotaux.

(2) Le 14 juillet 1648. *Mémoires* de madame de Motteville, collect Petitot, t. XXXVII, p. 414.

Henri IV vendit ses hardes pour subsister (1) ; il y eut un moment où elle manqua de bois et presque de pain pour son enfant. C'est le cardinal de Retz qui en témoigne :

« Cinq ou six jours, dit-il, devant que le Roi sortît de Paris, j'allai chez la reine d'Angleterre, que je trouvai dans la chambre de madame sa fille, qui a été depuis madame d'Orléans. Elle me dit d'abord : « Vous voyez, je viens tenir compagnie à Henriette. La pauvre enfant n'a pu se lever aujourd'hui faute de feu. » Le vrai étoit qu'il y avoit six mois que le Cardinal n'avoit pas fait payer à la Reine de sa pension (2), que les marchands ne vouloient plus fournir, et qu'il n'y avoit plus un morceau de bois dans la maison (3). »

Mais ce dénuement était passager et résultait du désarroi que la guerre civile avait mis dans le service des maisons royales. La princesse d'Angleterre, qui

(1) Voir le mémoire publie par M. G. Hanotaux :
« Nous luy avons veu vendre touttes ses hardes l'une après l'autre, ces meubles et le reste de ces piéreries, et engager jusques aux moindres choses pour pouvoir subsister quelques jours de plus. Elle nous fit l'honneur de nous dire un jour, estant dans les grandes Carmélites, qu'elle n'avoit plus ny or ny argent à elle qu'une petite tasse dens quoy elle buvoit. » P. 28.

(2) Elle était de dix mille écus par mois, mais ne suffisait pas à soutenir la toule des pauvres royalistes.

(3) *Mémoires du cardinal de Retz*, publ. par A. Feillet, édit. A. Regnier, t II, p. 197.

avait alors quatre ans et demi, ne devait pas recevoir de ces privations une impression bien forte.

Elle avait vingt et un ans en 1665, quand il lui vint en tête de fournir des mémoires à son amie. Elle était encore trop jeune et trop occupée de sa jeunesse pour se plaire aux souvenirs de son enfance. Aussi n'a-t-elle rien dicté qui se rapportât aux premières années de sa vie. On dirait que cette jolie femme se croyait née le jour où elle fut aimée pour la première fois. Ce fut quand le duc de Buckingham la vit à Londres ; elle avait seize ans et c'est de ce moment que son historien commence à la peindre.

III. DE LA NATURE PHYSIQUE ET MORALE D'HENRIETTE D'ANGLETERRE. SES PORTRAITS.

Mademoiselle de Montpensier parle avec une malice assez agréable du charme qui enveloppait la princesse d'Angleterre et cachait en elle certaine disgrâce fort apparente d'ordinaire : « Elle avoit trouvé, » dit Mademoiselle, (1) « le secret de se faire louer sur sa belle taille, quoi qu'elle fût bossue, et Monsieur même

(1) *Mémoires* de mademoiselle de Montpensier, collect. Petitot, t. XLIII, p. 157.

ne s'en aperçut qu'après l'avoir épousée. » Voilà une bossue bien dissimulée, mais une bossue enfin ; et la bonne demoiselle n'est pas seule à le dire. La Fare, fort détaché, dit que Madame « quoi qu'un peu bossue, avait non seulement dans l'esprit, mais même dans sa personne, tous les agréments imaginables (1) ».

Elle avait en effet le dos rond. A ce signe, comme à l'éclat particulier de son teint, à sa maigreur et à la toux qui la secouait constamment, on pouvait reconnaître la maladie que l'autopsie révéla (2) et qui l'eût emportée si une autre plus rapide ne fût survenue. Ces symptômes frappèrent le vieux doyen de la faculté de médecine de Paris, Guy Patin, qui écrivait à Falconnet, le 26 septembre 1644 : « Madame la duchesse d'Orléans est fluette, délicate et du nombre de ceux qu'Hippocrate dit avoir du penchant à la phthisie. Les Anglois sont sujets à leur maladie de consomption, qui en est une espèce, une phthisie sèche ou un flétrissement du poumon » (3).

Tout en elle, jusqu'à son perpétuel besoin d'agita-

(1) *Mémoires* de La Fare, collect Petitot, t. LXV, p. 176.

(2) « On trouva .. le poumon adherant aux côtes du côte gauche, rempli d'une matiere spumeuse, le côte droit meilleur, mais non pas tout à fait bon. » (*Mémoire d'un chirurgien du roi d'Angleterre qui a été présent à l'ouverture du corps de Madame.* Biblioth. nat, ms. franç. n° 17052.)

(3) *Lettres de Guy Patin,* Paris, 1846, in-8°, t. II, p. 127.

tion, trahissait la poitrinaire. Elle avait une coquetterie intrépide et un goût de galanterie que n'interrompaient ni les malaises, ni les grossesses, ni les couches les plus pénibles ; c'est que ce goût était tout de tête et seulement pour l'imagination. On conçoit qu'avec son tapage et ses bravoures elle agaçait la reine Marie-Thérèse, bonne femme et simple, ne connaissant que l'étiquette. La reine se plaignait que, pendant qu'elle était en couches, Madame était venue la voir « ajustée avec mille rubans jaunes et coiffée comme si elle étoit allée au bal. » Elle ajoutait avec quelque aigreur qu' « une coiffe baissée et un habit modeste » eussent marqué plus de respect. Mais les hommes n'entraient pas dans les rancunes de la Reine et leur témoignage atteste unanimement l'attrait de cette malade charmante.

Il y a dans les premiers mémoires de Daniel de Cosnac, évêque de Valence et grand aumônier de Monsieur, un portrait de Madame qui a son prix, venant d'un ami respectable et d'un confident discret. Le voici :

« Madame avoit l'esprit solide et délicat, du bon sens, connbissant les choses fines, l'âme grande et juste, éclairée sur tout ce qu'il faudroit faire, mais quelquefois ne le faisant pas, ou par une paresse naturelle, ou par une certaine hauteur d'âme qui se ressentoit de son origine et qui lui faisoit envisager un devoir comme une bassesse. Elle mêloit dans toute sa conversation une douceur qu'on ne trouvoit point dans toutes les autres personnes royales. Ce n'est pas qu'elle eût moins de majesté; mais elle en savoit user d'une manière plus facile et plus touchante; de sorte qu'avec tant de qualités toutes divines, elle ne laissoit pas d'être la plus humaine du monde. On eût dit qu'elle s'approprioit les cœurs, au lieu de les laisser en commun, et c'est ce qui a aisément donné sujet de croire qu'elle étoit bien aise de plaire à tout le monde et d'engager toutes sortes de personnes (1). »

C'est bien ainsi qu'elle nous apparaît : intelligente, délicate, douce et fière, fidèle aux amis, faible et désarmée contre les flatteries et les caresses, humaine. Ce dernier mot dit beaucoup, et contient, à mon sens, la plus belle louange qu'on puisse donner à une princesse, c'est-à-dire à une personne que les mœurs publiques et privées tiennent en dehors de la sympathie et de l'humanité. L'évêque de Valence ajoute à ce portrait moral un portrait physique galamment tracé et

(1) *Mémoires* de Cosnac, t. I, pp 420-421.

qui sent le fin connaisseur. C'était le temps des Retz et des Chanvallon :

« Pour les traits de son visage, on n'en voit pas de si achevés ; elle avoit les yeux vifs sans être rudes, la bouche admirable, le nez parfait, chose rare ! car la nature, au contraire de l'art, fait bien presque tous les yeux et mal presque tous les nez. Son teint étoit blanc et uni au delà de toute expression, sa taille médiocre, mais fine ; on eut dit qu'aussi bien que son âme, son esprit animoit tout son corps. Elle en avoit jusqu'aux pieds, et dansoit mieux que femme du monde.

« Pour ce *je ne sais quoi* tant rebattu, donné si souvent en pur don à tant de personnes indignes, ce *je ne sais quoi* qui descendoit d'abord jusqu'au fond des cœurs, les délicats convenoient que chez les autres il étoit copie, qu'il n'étoit original qu'en Madame; enfin, quiconque l'approchoit demeuroit d'accord qu'on ne voyoit rien de plus parfait qu'elle (1). »

Voilà un gracieux portrait ; nous avons aujourd'hui le goût plus fort et nous voudrions plus d'accent. Les écrivains du XVIIe siècle mettaient dans ces sortes d'ouvrages plus d'élégance que de précision. Quand ils ont dit qu'on a le teint *beau* et la gorge *belle*, ils croient

(1) Cosnac, *loc. cit*, pp. 420-422.

avoir tout dit. Madame de La Fayette nous avertit qu'on trouva à la princesse Henriette, dès le sortir de l'enfance, «un agrément extraordinaire», mais elle ne nous dit pas si Henriette était brune ou blonde.

La bonne madame de Motteville, qui n'avait pas pour Henriette les yeux de Buckingham, accorde du moins à la jeune princesse ce qu'on appelle la beauté du diable :

« Elle avoit, dit-elle, le teint fort délicat et blanc ; il étoit mêlé d'un incarnat naturel comparable à la rose et au jasmin. Ses yeux étoient petits, mais doux et brillants. Son nez n'étoit pas laid ; sa bouche étoit vermeille et ses dents avoient toute la blancheur et la finesse qu'on leur pouvoit souhaiter, mais son visage trop long et sa maigreur sembloient menacer sa beauté d'une prompte fin (1). »

Cela est froid et fort éloigné de la vivacité de Cosnac. Mais ne nous dira-t-on pas si Madame était brune ou blonde?

Elle était blonde avec des yeux bleus (2) ; c'est

(1) *Mémoires* de madame de Motteville, collect. Petitot, t. XXXVIII, p. 317.

(2) Choisy dit, il est vrai, que les yeux de Madame étaient noirs. Mais les yeux bleus, ceux surtout qui sont d'un bleu de saphir, et ce sont les plus beaux, paraissent noirs quand la pupile est dilatée. Voici d'ailleurs, si peu qu'il vaille, le portrait tracé par l'abbé : « Jamais la France n'a vu une princesse plus aimable qu'Hen-

un libelle qui nous l'apprend, un libelle d'assez bon ton, dont nous parlerons dans un autre paragraphe. Voici le portrait qu'on trouve dans ce petit écrit, intitulé *La Princesse ou les amours de Madame.*

« Elle est d'une taille médiocre et dégagée ; son teint, sans le secours de l'art, est d'un blanc et d'un incarnat inimitable, les traits de son visage ont une délicatesse et une régularité sans égale, sa bouche est petite et relevée, ses lèvres vermeilles, ses dents bien rangées et de la couleur des perles ; la beauté de ses yeux ne se peut exprimer : ils sont bleus, brillans et languissans tout ensemble ; ses cheveux sont d'un blond cendré le plus beau du monde ; sa gorge, ses bras et ses mains sont d'une blancheur à surpasser toutes les autres (1). »

riette d'Angleterre, que Monsieur epousa . elle avoit les yeux noirs, vifs et pleins du feu contagieux que les hommes ne sauroient fixément observer sans en ressentir l'effet ; ses yeux paroissoient eux-mêmes atteints du désir de ceux qui les regardoient. Jamais princesse ne fut si touchante, ni n'eut autant qu'elle l'air de vouloir bien que l'on fût charme du plaisir de la voir. Toute sa personne étoit ornee de charmes ; l'on s'interessoit à elle et on l'aimoit sans penser que l'on pût faire autrement Quand quelqu'un la regardoit, et qu'elle s'en apercevoit, il n'etoit plus possible de ne pas croire que ce fût à celui qui la voyoit qu'elle vouloit uniquement plaire Elle avoit tout l'esprit qu'il faut pour être charmante, et tout celui qu'il faut pour les affaires importantes, si les conjonctures de les faire valoir se fussent presentees, et qu'il eut ete question pour lors à la Cour d'autre chose que de plaire. »

(*Memoires* de Choisy, collect. Petitot, t. LXIII, pp. 385-386.)

(1) *La Princesse ou les amours de Madame,* dans l'*Hist. amoureuse des Gaules,* 1754, t II, p 119.

Cela donne dans le joli et dans le fade ; mais le libelliste était journalier, comme Madame ; il avait ses heures heureuses et c'est lui qui nous donnera sur cette jeune femme le mot magique qui dit tout, le mot qui sert de talisman pour évoquer la belle ombre :

« Elle a, dit cet inconnu, elle a un certain air languissant, et quand elle parle à quelqu'un, comme elle est toute aimable, on diroit qu'elle demande le cœur, quelque indifférente chose qu'elle puisse dire (1). »

On dirait qu'elle demande le cœur, voilà le secret de Madame, le secret de ce charme qui agit sur tous ceux qui la virent et qui n'est pas encore rompu ; j'en appelle à tous ceux qui ont essayé de réveiller son souvenir.

Si cette aimable jeune femme n'a pas à se plaindre des portraits que firent d'elle évêques, libellistes, abbés, seigneurs, duègnes et vieilles demoiselles, elle est trahie au contraire par ceux qui semblaient devoir être ses défenseurs naturels ; je veux dire les dessinateurs, les graveurs et les peintres.

Les portraits d'Henriette d'Angleterre sont assez nombreux (je parle des portraits faits de son vivant) ; par malheur ils ne se ressemblent pas entre eux. Cela

(1) *La Princesse, loc. cit.*, p. 108.

tient sans doute à ce que les artistes ont mal vu et peu compris leur modèle, mais cela tient aussi, et beaucoup, à ce que le modèle n'avait pas des traits bien accentués et que sa physionomie était changeante et diverse.

Les tissus très mous, comme on le voit aux joues qui tombent, se pénétraient facilement et gonflaient les traits naturellement fins. De là, cet aspect tour à tour grêle et empâté qu'on voit à ses portraits.

Je l'ai dit tout à l'heure : cette blonde était ce qu'on appelle journalière. Son charme, tout d'expression, était insaisissable pour des artistes qui, comme ceux de son temps, ne se permettaient ni le croquis rapide, ni la touche légère, et qui ne se proposaient pas de saisir la nature en un moment par un coup d'adresse et d'esprit.

Une gravure de Claude Mellan (1) nous montre Henriette encore très jeune, au temps où, dédaignée par Louis XIV, elle paraissait sans éclat à la Cour. Mellan nous représente, dans sa manière un peu lâche, une jeune fille de seize ou dix-sept ans avec

(1) Buste « Madame Henriette-Anne, Princesse de la Grande-Bretagne. CM del. » — Nous reproduisons ce portrait ci-contre. Des épreuves postérieures portent « Henriette-Anne d'Angleterre, duchesse d'Orléans, née à Exeter le 16 juin 1644, morte à Saint-Cloud le 30 juin 1670. Cl. Mellan G. del. et sc. »

HENRIETTE D'ANGLETERRE D'APRÈS LE PORTRAIT GRAVÉ PAR CLAUDE MELLAN.

de beaux grands yeux, un nez rond, de grosses lèvres, la mâchoire inférieure trop saillante, des joues lourdes, un visage à la fois chétif et bouffi, un air intelligent et bon. C'est bien ce qu'avec une grosse gaieté Louis XIV nommait « les os des saints Innocents ». Sur le cou, ceint d'un collier de perles, une guimpe transparente est jetée. Ce collier de perles se retrouve sur tous les autres portraits de la Princesse.

Une peinture de Van der Werff (1), reproduite par plusieurs graveurs, notamment par J. Audran, rappellerait la gravure de Claude Mellan, si le nez, beaucoup plus droit, la bouche mieux faite et la joue plus pleine ne composaient pas un ensemble incomparablement plus agréable. D'ailleurs même air de bonté intelligente. Le buste, pris dans un *corps* très raide, comme on en portait alors, est richement orné d'orfévrerie avec perles et grosses pierreries. C'est à peu de chose près le costume de presque tous les

(1) « Henriette d'Angleterre, dernière fille de Charles Ier, Roy de la Grande-Bretagne, et de Henriette-Marie de France, née à Excester, le 15 juin 1644, accompagna la Reine sa mère, lors qu'elle se sauva par mer en France. A Paris, chez L. Boissuin. » Non signé.

Le même : — « Van der Werff pinxit. J. Audran sculpsit. »

Plus récemment les graveurs Tavernier et Dieu ont donné chacun une copie très-infidèle de ce portrait de Van der Werff. On le trouve reproduit à l'eau forte, en tête de ce volume, par M. Boulard fils.

autres portraits. « Elle était étincelante de pierreries », dit le libelliste.

Un portrait, signé : *Grignon sculs.* (1), nous montre une figure sensiblement différente ; le nez est gros, mais les yeux relevés sur les tempes et les lèvres retroussées aux deux coins s'accordent avec les mèches folles et les boucles en coup de vent de la chevelure pour composer une physionomie vive, rieuse, mutine et moqueuse. Et, bien que la gravure soit dure et noire, Henriette y paraît gentille et plaisante. Si l'on veut, ces portraits forment, malgré leurs dissemblances, une famille, dont le caractère commun est l'air de jeunesse et de sympathie.

Tout différent est l'aspect des autres figures que nous avons sous les yeux. Le graveur anonyme de 1663 (2), Joullain (3), Desroches (4) et F. Schou-

(1) De face. « Henriette d'Angleterre, duchesse d'Orléans, dernière fille de Charles Ier du nom, roy de la Grande-Bretagne, et de Henriette-Marie de France, nasquit à Exceter le 15 juin 1644, accompagna la reine sa mère lors qu'elle se sauva par mer en France, espousa Philippe de France, duc d'Orléans, frere unique du Roy. »

(2) De trois quarts. Elle porte une guimpe empesée et montante ; le costume est sevère. C'est ainsi que la reine accouchée aurait voulu voir Madame à ses relevailles (v. p. xvj). Au fond, une draperie dont un coin soulevé laisse voir à gauche une chasse en forêt

(3) De trois quarts «Henriette d'Angleterre, duchesse d'Orléans. »

(4) De face. « Henriette Stuard, Desroches sc. »

« Cette princesse à qui tout avoit concouru,
« Pour lui gagner les cœurs et se voir adorée
« Semble n'avoir paru
« Que pour estre pleurée. »

ten (1), sans bien s'accorder pour les détails, nous présentent tous un visage régulier, plein, avec un air de maturité ; ni expression, ni caractère propre : ce n'est pas là cette princesse à qui l'on trouvait « un agrément extraordinaire ».

Le musée de Versailles possède trois portraits anciens d'Henriette d'Angleterre. Le meilleur (2) a été reproduit dans l'ouvrage de Gavard par une mauvaise gravure qui n'en donne pas la moindre idée. La Princesse y est représentée avec de beaux yeux d'un bleu sombre, un nez sans beaucoup de caractère mais qui peut à la rigueur mériter le compliment que l'évêque de Valence fit à l'original, une bouche retroussée aux coins avec une expression plus gaie que tendre et une jolie gorge sous une guimpe transparente. Elle tient sur ses genoux un petit chien qui porte galamment à l'oreille un pompon de soie rouge.

Le même petit chien avec le même pompon à l'oreille figure sur un autre portrait (3) conservé dans

(1) De face. « Henriette-Anne d'Angleterre épouse de Philippe de France duc d'Orleans, G. Schouten f. » Plusieurs epreuves non signées. Ce portrait a ete mis dans l'edition de 1720.

(2) N° 2083 du catalogue. — Ecole française, XVIIe siècle. — H. 0, 72-L. 0, 62. On lit en haut du tableau : HENRIETTE-ANNE DANGLETERRE DUCHESSE DORLEANS.

(3) N° 2502 du catalogue. — Ecole de Mignard. — H. 0, 76-L. 0, 63. Elle est representee assise, vêtue d'une robe bleue fleurdelisée. On lit sur le tableau : HENR. D'ANGL. D. DORL[ans].

l'attique du palais et que le catalogue donne pour être de l'école de Mignard. On n'y trouve ni charme, ni expression, ni caractère d'aucune sorte. Le troisième portrait (1) fut peint, en 1664, par Antoine Matthieu, dans le genre olympien. Henriette, drapée comme une figure d'allégorie, y soutient le portrait du duc d'Orléans, avec une ampleur de geste qui sied mieux à une déesse qu'à une dame de la Cour. Aussi bien est-ce une déesse que l'artiste a voulu peindre en cette figure qui montre un long et étroit pied nu dans des sandales d'or et de pierreries, le pied de Diane. Le visage, mince et distingué, ne ressemble ni à l'un ni à l'autre des précédents portraits.

Il y a enfin, dans les appartements de Louis XIV, un ample tableau de Jean Nocret qui représente la famille du grand roi dans des costumes de ballet et avec des attributs allégoriques (2). Les têtes n'y manquent pas de caractère ; elles ne semblent pas flattées ; celle de Madame y est chétive, blafarde, maladive, point jolie. C'est celle d'une personne qui n'est pas, comme la belle-au-bois-dormant, belle sans y penser, mais qui peut plaire à son réveil, avec, ce qui

(1) N° 3503 du catalogue. H. 1,75 -L. 1,39.

(2) N° 2157 du catalogue. « Famille de Louis XIV par Jean Nocret. » Madame y porte le costume et les attributs du Printemps.

ne manque guères, un peu de bonne volonté. Elle a un air de vérité, cette figure de Jean Nocret ; malheureusement elle ne ressemble à aucun des autres portraits d'Henriette.

En somme de toutes les images de cette Princesse, deux seulement nous restent dans les yeux en y laissant quelque air de vie et de vérité : d'abord, celle d'une très jeune fille, souffreteuse, avec de beaux yeux et un air de bonté, celle enfin qu'on voit dans la gravure, d'ailleurs médiocre, de Claude Mellan. Puis, grâce aux progrès de l'âge, l'image d'une aimable personne, brillante et douce à la fois, agréable malgré ses joues lourdes et son menton mal fait, charmante d'expression : c'est Audran qui nous la fait voir le mieux ainsi. Ces deux gravures sont reproduites, la première en regard de la page xxij ; l'autre, de la main de M. Boulard, dans une eau-forte qui sert de frontispice à ce volume.

IV. MADAME ET LE ROI.

La petite-fille de Henri IV avait dix-sept ans quand, mariée au frère de Louis XIV, elle prit rang à la cour d'un prince qui n'était pas encore ce « héros » dont parle Despréaux, ce

Jeune et vaillant héros, dont la haute sagesse
N'est pas le fruit tardif d'une lente vieillesse,
Et qui seul, sans ministre, à l'exemple des Dieux,
Soutient tout par *lui* même et voit tout par *ses* yeux(1).

C'était, en attendant, un fier garçon de bonne mine et de gros appétit, fort ignorant, parlant mal mais peu, étranger aux affaires, occupé principalement de danser dans les ballets. Il montrait pour les femmes un goût qui, s'il ne s'adressait qu'à quelques-unes, les occupait toutes. De là, une émulation mauvaise. Songez que cette Cour, oisive jusqu'au malaise, se traînait dans des divertissements perpétuels. Les hommes y perdaient tout caractère et leur platitude devint bientôt un lieu commun de poésie satirique sur lequel La Fontaine, par exemple, est intarissable. Une telle société était fort capable de gâter une très jeune femme. Et pour celle-là, les femmes étaient plus dangereuses que les hommes, parce qu'un instinct avertit la moins expérimentée de ce qu'elle peut craindre de la part d'un beau diseur, tandis qu'elle se livre sans défense à des femmes intéressées à ce que nulle n'ait sur elles l'avantage d'une vie exemplaire.

(1) Discours au roi, 1666.

C'était un intérêt que la surintendante de la maison de la Reine, la comtesse de Soissons, avait autant et plus qu'une autre, et l'intimité de cette italienne fut très mauvaise pour la jeune Stuart.

Le mari d'Henriette d'Angleterre, le second personnage du royaume par le rang, n'était point lâche ni tout à fait méchant, mais c'était le plus mauvais mari qui pût échoir à une femme de cœur. Il fut toute sa vie un enfant vicieux, une fausse femme, quelque chose de faible, d'inquiétant et de nuisible. Son incapacité pour les affaires auxquelles sa naissance le destinait, son incroyable puérilité et son entière soumission à ses favoris faisaient de lui une espèce d'infirme et lui donnaient un maintien pitoyable dont son frère riait et voulait être le seul à rire.

Joli garçon d'ailleurs, son plaisir fut longtemps de s'habiller en femme. Son rang seul l'empêcha d'aller, comme l'abbé de Choisy, à l'église et à la comédie avec une jupe et une fausse gorge (1). Du moins, il se

(1) L'abbé se faisait appeler, comme on sait, madame de Sancy. Sur la fausse dame de Sancy, voir la chanson :

Sancy, au faubourg Saint-Marceau,
Est habille comme une fille.
. . . .
Tout le peuple de Saint-Medard
Admire comme une merveille
Ses robes d'or et de brocard,
Ses mouches, ses pendants d'oreille,

rattrapait au bal. Ce même abbé de Choisy raconte qu'une nuit qu'on dansait en masque au Palais-Royal, Monsieur s'habilla comme une dame et dansa le menuet avec le chevalier de Lorraine. Et l'abbé ajoute du ton d'un connaisseur satisfait : « On ne sauroit dire à quel point il poussa la coquetterie en mettant des mouches, en les changeant de place... (1) »

Voilà le mari qu'on donnait à une jeune femme spirituelle, bonne, indocile, ambitieuse, sensible à la gloire, à l'amour, aux arts, à toutes les belles et grandes choses et mettant dans toutes ses pensées l'impatience d'une malade. Car Henriette d'Angleterre, conçue dans de royales angoisses et portée, au bruit des armes, par une princesse en péril, naquit fière et brisée. On verra dans la deuxième partie du livre de madame de La Fayette quels sentiments Madame et le Roi eurent l'un pour l'autre. On sait que précédemment Louis XIV l'avait dédaignée quand il pouvait l'épouser. Leur inclination mutuelle éclata à Fontainebleau dans le bel été de 1661. Alors « elle fut occupée, dit la comtesse, de la joie d'avoir ramené le roi à

Son teint vif et ses yeux brillants.
Il aura bientôt des amants.

(Ms. de Choisy, t. III, f° 57.)

(1) *Mémoires* de Choisy, collect. Petitot, t. LXIII, p. 127.

elle » (1). Madame de Motteville donne à Henriette les mêmes sentiments avec une nuance un peu trop sombre de rancune :

« Elle se souvenait que Louis XIV l'avoit autrefois méprisée, quand elle auroit pu prétendre à l'épouser, et le plaisir que donne la vengeance lui faisoit voir avec joie de contraires sentimens qui paroissoient s'établir pour elle dans l'âme du roi (2). »

Sans être touché jusqu'aux larmes, comme Bossuet (3), des sentiments que Louis XIV avait pour la femme de son frère, nous ne ferons pas un crime au jeune Roi d'un peu de surprise à se trouver si près d'une jeune femme dont le charme troublait tout le monde. Ce ne fut qu'un éclair et ils en vinrent bientôt à s'aimer comme frère et sœur, et même un peu moins, s'il est possible. Je place ici deux lettres du Roi à Madame qui font honneur à la politesse de celui qui les a écrites. L'une, que je crois la plus ancienne, n'est pas datée. Elle a été publiée pour la première fois par mon ami M. Etienne Charavay, dans sa *Revue des documents historiques* (4). La voici :

(1) Page 44 de notre edition.
(2) *Memoires*, coll. Petitot, t. XXXIX, p. 117.
(3) *Oraison funèbre* d'Henriette d'Angleterre
(4) T. II, p. 2, avec le fac-simile en regard.

« Ce vendredi.

« Les grottes et la fraischeur de St Clou ne me font point souhaitter dy estre car nous avons des lieux ja asses beaux pour nous consoler de ni estre pas, mais la compagnie qui sy treuue est si bonne qu'elle me donne des tentations furieuses de mi treuuer, et si je ne croiois vous voir demain je ne sait quel parti je prendrois et si je pourrois m'enpescher de faire un voyage au pres de vous. Faittes que touttes les dames ne moublie pas et vous souvenés de l'amitié que je vous ai promise ; elle est telle qu'elle doit estre pour vous plaire, si vous auez envie que j'en aie beaucoup pour vous. Assures fort mon frère de mon amitié. »

La suscription porte entre deux cachets noirs aux armes de France : « A ma seur. »

L'autre lettre, écrite de Dijon, au milieu de l'heureuse et rapide campagne de 1668, n'est aussi qu'un petit compliment bien tourné.

« A Dijon ,le 5 février 1668.

« Si je ne vous aimois tant, je ne vous escrirois pas car je nai rien a vous dire apres les nouvelles que jai mandees a mon frere mais je suis bien aise de vous confirmer ce que je vous ai dit qui est que j'ai autant damitie pour vous que vous le pouvés souhaiter. Soiés persuadés de ce que je vous confirme par cette lettre et faitte mes complimens s'il vous plait a mmes de Monaco et de Tianges (1). »

Cette lettre ou plutôt ce billet, dont l'original appartenait à feu M. Chambry (2) qui avait bien voulu m'en donner copie, était resté inédit.

Madame, il faut le dire, fut la première à manquer à ce qu'elle devait à son beau-frère. Dépitée de ce que le roi, venu à elle un peu tard, l'eût quittée si vite pour s'occuper de La Vallière, elle se mêla beaucoup plus qu'elle n'aurait dû de la lettre espagnole que Vardes et la comtesse de Soissons écrivirent à la jeune reine pour l'instruire des infidélités du Roi. Elle connut cette mauvaise action, l'approuva, ou du moins n'y contredit pas. Ce fut non pas méchanceté, mais faiblesse de sa part. M. de Cosnac disait bien qu'elle ne faisait pas toujours ce qu'elle savait devoir faire.

Il vint un temps où l'attachement qu'elle avait pour Louis XIV reçut de nouvelles atteintes. Ce fut quand elle se brouilla tout à fait avec Monsieur. Elle vit alors qu'elle ne pouvait pas compter sur le Roi. Elle écrivait, le 14 avril 1670, à l'ancienne gouvernante de ses enfants, madame de Saint-Chaumont, une lettre con-

(1) Sur madame de Monaco, voir page 40, la note. — Sur madame de Thianges, voir page 16, note 4.

(2) Catalogue Chambry, par Etienne Charavay, 1881. n° 381.

fidentielle qui nous montre qu'il est très délicat, même pour un souverain, d'être pris pour arbitre dans des querelles de ménage. Madame n'y cache pas son mécontentement. « Quoi que le roi, dit-elle, de lui à moi, soit très bien disposé, je le trouve, en mille endroits, insupportable, faisant des fautes et des imprudences incroyables, sans en avoir l'intention. »

Elle expose ensuite les façons embarrassées et incohérentes du Roi à son égard, et elle ajoute : « Avouez qu'un esprit un peu droit est bien étonné d'une pareille conduite. »

La lettre se termine par un trait fort dur mais tracé de main de maître et digne d'un bon peintre de mœurs :

« Le Roi n'est point de ces gens à rendre heureux ceux qu'il veut le mieux traiter Ses maîtresses, à ce que nous voyons, ont plus de trois dégoûts la semaine. Voyez à quoi ses amis se doivent attendre (1). »

Elle confiait ces plaintes à madame de Saint-Chaumont le 14 avril 1670. Dans les deux mois qui lui restaient encore à vivre, elle rendit, par le voyage de Douvres, un éclatant service à la France et au roi. On peut croire qu'il lui marqua son contentement avec assez de force, bien que nous sachions qu'il

(1) *Mémoires* de Cosnac, t. I, p. 415.

n'alla pas au-devant d'elle pour ne pas déplaire à Monsieur. Il vint la voir à son lit de mort. Là, elle lui dit « qu'il perdait la plus véritable servante qu'il aurait jamais (1) ». Cette parole est haute et fière, à la bien comprendre. Ce n'est pas à Louis qu'elle s'adresse, mais au Roi, c'est-à-dire à l'État. C'est la parole d'une petite-fille de Henri IV, mêlée aux affaires de deux royaumes, servant la France avec zèle et qui se voit mourir au milieu de grandes entreprises.

V. MADAME, LE COMTE DE GUICHE ET LE MARQUIS DE VARDES.

La langue du XVIIe siècle, exprimant des mœurs fort différentes des nôtres, est devenue plus difficile à comprendre qu'on ne pense. Ce n'est point tout à fait une langue morte, et, comme nous en avons gardé presque tous les mots, il arrive que nous les prenons tout naturellement dans leur acception moderne, lors même que c'est un vieux texte qui nous les donne. Nous faisons ainsi un grand nombre de contre-sens dont nous ne nous doutons pas. C'est à ce point que je ne crois

(1) Voir p. 139 de notre édition.

pas qu'on puisse lire couramment vingt-cinq vers de Racine en étant bien certain de les comprendre tout à fait comme les contemporains du poete. Il y faut un peu d'exégèse; c'est à quoi les nouvelles éditions critiques avec notes et lexiques ont amplement pourvu. Mais on les consulte peu, et un Français ayant passé par le collège croira difficilement qu'il a besoin d'un dictionnaire pour comprendre Racine ou Molière, ce qui est pourtant la vérité. On fera encore moins de façons pour lire les *Mémoires* de mademoiselle de Montpensier ou ceux de madame de La Fayette, dont le style plus familier semble plus facile et, en réalité, demande beaucoup plus d'étude. Est-on sûr seulement de bien entendre les termes que ces écrivains emploient le plus ordinairement, ceux, par exemple, de *maîtresse*, d'*amant*, de *galanterie*?

Je crois que ces réflexions sont très-bien à leur place ici, parce que l'*Histoire d'Henriette d'Angleterre* est un des livres qui perdent le plus à être lus à la moderne, si j'ose dire, et sans une attention suffisante aux changements que les mots ont éprouvés dans leur sens depuis le siècle de Louis XIV.

Tout spécialement, les sentiments de M. de Guiche pour Madame ne peuvent être bien sentis que si l'on fait effort pour rendre à certains termes l'honnêteté qu'ils ont perdue en deux siècles, dans les aventures de la société française. Ainsi, ce que madame de La Fayette nomme *galanterie* était alors, en langage de cour, « une manière polie, enjouée et agréable de faire ou de dire les choses (1) ». C'était plus encore, c'était un art que cultivaient ceux qui en avaient le loisir et le talent; les *galants*, comme tous les artistes, mettaient dans la satisfaction de l'amour-propre leur plus haute récompense, et, faisant œuvre d'esprit, ne gâtaient leur ouvrage par rien de grossier. Je ne dis point qu'en fait il en était toujours ni même souvent ainsi. Ce serait méconnaître la nature dont les pièges sont vieux comme le monde et sans cesse tendus. Je parle de la galanterie telle que la concevaient les « honnêtes gens » et telle qu'on devait la pratiquer pour mériter l'estime des connaisseurs. Aujourd'hui c'est quelque chose de moins et quelque chose de plus.

Vaugelas, qui avait vécu à la cour de Gaston d'Orléans et fréquenté l'hôtel de Rambouillet, plaça dans son livre « utile à ceux qui veulent bien lire » une remarque sur les mots *galant* et *galamment* qui est tout un chapitre de l'histoire des mœurs monarchiques.

(1) *Dictionnaire* de Furetière, au mot *galanterie*.

Parlant de cette sorte de galants qui donnaient le ton à la Cour, il se demande ce qui les fait tels et à quoi l'on peut les reconnaître. « J'ai vu autrefois, dit-il, agiter cette question parmi des gens de la Cour et des plus galants de l'un et de l'autre sexe, qui avoient bien de la peine à le définir. Les uns soutenoient que *c'est je ne sais quoi*, qui différe peu de la *bonne grâce*; les autres que ce n'étoit pas assez du *je ne sais quoi*, ni de la *bonne grâce*, qui sont des choses purement naturelles, mais qu'il falloit que l'un et l'autre fût accompagné d'un certain air, qu'on prend à la Cour et qui ne s'acquiert qu'à force de hanter les grands et les dames. D'autres disoient que ces choses extérieures ne suffisoient pas, et que ce mot de *galant* avoit bien une plus grande étendue, dans laquelle il embrassoit plusieurs qualités ensemble; qu'en un mot, c'étoit *un composé où il entroit du je ne sais quoi, ou de la bonne grâce, de l'air de la Cour*, de l'esprit, du *jugement, de la civilité*, de la courtoisie *et de la gaieté, le tout sans contrainte, sans affectation et sans vice*. Avec cela, il y a de quoi faire un honnête homme à la mode de la Cour. Ce sentiment fut suivi comme le plus approchant de la vérité, mais on ne laissoit pas de dire que cette définition étoit encore imparfaite et qu'il y avoit quelque chose de plus dans la signification de ce mot, qu'on ne pouvoit exprimer ; car pour ce qui est, par exemple, de *s'habiller galamment, de danser galamment ;* faire toutes ces autres choses qui consistent plus aux dons du corps qu'en ceux de l'esprit, il est aisé d'en donner une définition ; mais quand on passe du corps à l'esprit et que, dans la conversation des grands et des dames et dans la manière de traiter et de vivre à la Cour, on s'y est acquis le nom de *galant,* il n'est pas si aisé à définir ; car cela présuppose beaucoup d'excellentes qualités qu'on auroit bien de la peine à nommer toutes, et dont une seule venant à manquer suffiroit à faire qu'il ne seroit plus *galant* (1). »

Le bon Vaugelas s'attarde ; pour faire vite, disons avec Saint-Evremond que l'air galant « est ce qui achève les honnêtes gens et les rend aimables (2). »

Madame était née « avec des dispositions galantes », dit la comtesse de La Fayette ; Madame était « naturellement galante », dit l'abbé de Choisy. Cela veut dire que Madame était polie, enjouée, agréable et qu'elle aimait à se montrer telle, en toute rencontre, à ses risques et périls, bien entendu. Les galants et

(1) *Remarques sur la langue françoise, utiles à ceux qui veulent bien lire et bien écrire.* 1647, in-4°.

(2) Dans le *Trévoux*, au mot *galant.* Voir aussi La Bruyère « Une femme galante veut qu'on l'aime, etc., etc. »

les galantes avaient leurs modèles, leurs parangons, dans les princes et les princesses des tragédies et des romans ; c'était leur affaire d'accorder des sentiments délicats et quasi héroïques avec les brutalités de la vie et les fragilités de la nature.

Madame aurait aimé à entretenir avec le Roi un commerce de ce genre, mais il lui échappa vite, par l'effet de sa complexion amoureuse et faute de s'en tenir aux plaisirs de l'esprit. Elle trouva, par contre, en M. de Guiche un homme entêté de galanterie. M. de Guiche, fils du maréchal de Gramont, était un compagnon de jeunesse de Monsieur qu'il traitait avec un sans-façon dont on peut juger par ce que la grande Mademoiselle rapporte d'un bal donné à Lyon, en 1658, par le maréchal de Villeroi.

« Le comte de Guiche, dit-elle, y étoit, lequel, faisant semblant de ne pas nous connoître, tirailla fort Monsieur dans la danse et lui donna des coups de pied au cul. Cette familiarité me parut assez grande ; je n'en dis mot, parce que je savois bien que cela n'eût pas plu à Monsieur, qui trouvoit tout bon du comte de Guiche (1). »

M. de Guiche qui, avec une jolie figure et un esprit

(1) *Mémoires* de mademoiselle de Montpensier, coll. Petitot, t. III, p. 389.

cultivé, donnait dans tous les travers à la mode, se faisait devant les dames la mine d'un vrai berger et d'un parfait héros de roman. C'est par là qu'il plut à la jeune princesse qui ne semble pas avoir été attirée vers lui par des influences plus secrètes et plus irrésistibles. Depuis le moment où, répétant dans un ballet avec Madame, il s'écria, à peu près comme Mascarille, « au voleur ! au voleur (1) ! » jusqu'au jour où, déguisé en laquais, il fit ses adieux à sa maîtresse et tomba évanoui dans la cour du Louvre, le comte de Guiche se conduisit en parfait amant, plein à la fois d'audace et de respect, imaginant les rencontres les plus singulières, prenant les travestissements les plus étranges, portant sur son cœur le portrait de sa dame, sur lequel, à la guerre, venaient s'aplatir les balles, bravant les disgrâces, parlant peut-être un peu trop, défaut auquel les chevaliers errants eux-mêmes sont sujets, se jetant dans tous les périls, jaloux jusqu'à perdre la raison et surtout, ce qui était le grand point, écrivant des lettres. Il en faisait des volumes et nous

(1) Remarquons en passant que Molière fait parler Mascarille et Jodelet, non comme des valets qui singent leurs maîtres, mais comme des marquis véritables. Ce qu'ils disent est ridicule, mais n'est nullement de mauvais ton. Il n'est pas extraordinaire qu'en les écoutant Cathos et Madelon crussent entendre des personnes de qualité. Mademoiselle de Scudery ou quelque autre « illustre » de l'hôtel de Rambouillet s'y fût trompée comme elles.

devinerons tout à l'heure de quel style elles étaient. Madame les lisait sans trop s'en cacher et trouvait de temps en temps de bonnes raisons pour ne pas jeter dans les dernières extrémités du désespoir un chevalier si terrible et si soumis. Est-ce là tout? Je le crois.

M. de Guiche, sachons-le bien, professait un grand dégoût pour les réalités de l'amour; cela ne prouverait rien, car ce dégoût-là est de ceux qu'on surmonte à l'occasion. Mais on disait que M. de Guiche avait de bonnes raisons pour s'y tenir. C'étaient des dames de la Cour qui parlaient ainsi, mesdames de Motteville et de Sévigné. Et que ne disaient pas les libellistes et les chansonniers! (1). « Guiche, disaient-ils, ne fait que patrouiller. » *Patrouiller*, vous entendez bien, faire quelques reconnaissances dans le pays du Tendre, mais sans pousser loin ni forcer de places (2).

On en contait bien d'autres. Si ce sont là des

(1) « Il avoit épousé la fille du duc de Sully, petite-fille, par sa mère, du chancelier de France [Séguier], bien faite, sage et riche, mais jusqu'alors (1665), elle avoit été mariée sans l'être. » (*Mémoires* de madame de Motteville, collect. Petitot, t. XL, p. 227.) Si l'on était sous Louis XV, cela ne voudrait rien dire, puisqu'il s'agit d'une femme, non d'une maîtresse. Mais nous sommes en 1665, et le mot est significatif. D'ailleurs madame de Sévigné est plus nette encore, à propos d'une maîtresse (Voir plus bas, p. XLIV.)

(2) Un sottisier lui fait dire aux dames.

..... je n'ai point d'armes
Pour vous servir, comme le grand Saucourt.

choses qu'on dit sans savoir, on ne les dit pourtant pas de tout le monde. On n'avait pas dit cela de Henri IV, enfin! Et il fallait que M. de Guiche eût la figure d'un amoureux transi.

C'était le bel air d'ailleurs, quand on savait le relever par la bonne mine et les grandes façons. Alors l'amour-propre y trouvait son compte et c'est cette passion que M. de Guiche était porté à satisfaire de préférence à toute autre. Il vécut d'amour-propre, il mourut d'amour-propre. La vanité le jetait dans toutes les affectations à la mode. A une époque peu éloignée de celle où il aimait Madame, la marquise de Sévigné nous le dessine d'un trait dans un petit tableau joliment crayonné sur nature pendant une représentation de *Bajazet :*

« Tout le bel air étoit sur le théâtre. M. le marquis de Villeroi avoit un habit de bal, le comte de Guiche ceinturé comme son esprit, tout le reste en bandits (1). »

Mademoiselle de Scudéry et le comte de Bussy-Rabutin, excellents juges, nous apprennent qu'il

Je ne commente point, voyez aussi la chanson citée plus loin page LV.

(1) Lettre du 15 janvier 1672. — Elle écrivait trois mois auparavant : « Le comte de Guiche est à la Cour tout seul de son air et de sa manière, un heros de roman, qui ne ressemble point au reste des hommes (Lettre du 7 octobre 1671). »

poussait l'affectation en écrivant jusqu'à se rendre incompréhensible : « Comme il est fort obscur dans ses lettres, je n'ose assurer ce qu'il veut dire. — C'est proprement un entortillement d'esprit que ses expressions, et surtout dans ses lettres ; il n'est presque pas possible d'entendre ce qu'il écrit. »

Il s'agit de lettres d'amitié. On peut croire que ses lettres d'amour étaient plus inconcevables encore et que l'ithos et le pathos n'y manquaient pas. Madame, jeune comme elle était, dut les trouver fort belles, car la jeunesse est portée à admirer ce qu'elle ne comprend pas ; et il est croyable qu'elle put les lire sans rougir, tant elles étaient hors de la nature. Si ces miraculeuses épîtres sont perdues (1), il reste, pour nous en donner une idée, la lettre de Don Quichotte à Dulcinée du Toboso. M. de Guiche travaillait sur ce modèle et ce qui prouve qu'il y faisait effort, c'est qu'il écrivait fort bien dès qu'il ne se surveillait plus. Nous avons de lui des *Mémoires concernant les Provinces-Unies* et une *Relation du passage du Rhin,* qu'on lit avec le plaisir que donne un style vif, clair et facile. La relation, il la fit au galop et

(1) Les deux lettres qu'on trouve pour la première fois dans l'édition de 1754 de l'*Histoire amoureuse des Gaules* (t. II, pp. 120 et 148) sont apocryphes. Voir Appendice I, à la fin de ce volume.

n'eut point le temps de la gâter. Quant aux *Mémoires*, il ne les écrivit pas pour ses contemporains. Un tel détachement porte souvent bonheur aux écrivains, et c'est à cette disposition d'esprit qu'on doit de bien aimables chefs-d'œuvre.

D'ailleurs, il s'oubliait parfois. « J'ai vu deux fois ce comte (de Guiche) chez M. de La Rochefoucauld, dit madame de Sévigné ; il me paroit avoir bien de l'esprit, et il étoit moins surnaturel qu'à l'ordinaire (1). » Elle dit ailleurs, en parlant de lui : « Nous avons fort causé », ce qui, de la part d'une telle femme, est en quatre mots, un assez joli compliment (2).

Nous avons vu ce qu'était la galanterie de cour au XVIIe siècle et ce que pouvait être en particulier celle de M. de Guiche. Lisez, ainsi avertis, le roman (c'est le mot) qu'il eut avec Madame et que je ne raconterai pas, parce que ces notes sont destinées à faciliter la lecture du livre que je publie et non à la rendre inutile. Vous verrez, dans ce livre, qu'au mois d'avril 1662 M. de Guiche quitta la Cour pour aller se battre en Lorraine d'où il partit pour la Pologne. Ce voyage va nous arrêter un moment, et, bien que je n'aie pas du

(1) Lettre du 15 janvier 1672.
(2) Lettre du 29 avril 1672.

tout l'intention d'écrire la vie ni même une partie de la vie de M. de Guiche, j'introduis cet épisode dans mes notes pour le plaisir de publier deux lettres intéressantes. M. de Guiche donc partit pour la Pologne à la fin de 1663. Il portait son épée de gentilhomme à ce peuple catholique dont la Reine était cette Marie de Gonzague qui, française de naissance et de sentiments, s'efforçait, malgré les Palatins, d'assurer la survivance de la couronne de Pologne au duc d'Enghien, fils du grand Condé. Elle faisait subir son impérieuse influence au roi son mari, Jean-Casimir, qui l'aimait. C'était un cardinal et un jésuite relevé de ses vœux, assez bon homme, raisonnable et prudent. Sous son règne, les Suédois avaient occupé Varsovie, mais il les en avait chassés à la tête des Palatins en 1660 : l'union, si rare, de la noblesse et du roi avait sauvé la Pologne ; mais, dans l'automne de 1663, Jean-Casimir franchissait le Dnieper, pour combattre les Moscovites et sa propre armée qui s'était tournée contre lui avec Lubomirski.

Le comte de Guiche et son jeune frère le comte de Louvigny arrivèrent à Varsovie au mois de novembre. Voici en quels termes Marie de Gonzague instruisit de leur arrivée le maréchal de Gramont leur père :

« Ce 16 novembre [1663].

« Mr le comte de Guiche est si résolu d'aller trouver le roy par delà le Boristène, qu'il voudroit partir dès aujourd'huy, s'il n'estoit retenu par la foule des banquets que tout le monde lui veut faire. Il vous escrira le destail de seluy que M. Rey lui a fait il y a deux jours, où le vin de Tocaie ne fut pas oublié. M. le comte de Louvigni s'en est trouvé un peu incomodé. Je leurs doneray des gardes pour les premiers affin qu'ils n'en boivent plus tant, se vin estant d'une forse extraordinaire.

« Jusques astheure, ils ont gagné le cœur de tous les Polonois qui les on veus. Seluy que j'avois envoyé quérir pour les conduire est arivé et il se rancontre encore une ocasion très sure. Le palatin de Sandomirie, ne pouvant, à cause de sa maladie, aler à l'armée, donne toutes ses compagnies, qu'il avoit gardés pour lui servir d'escorte, à son nepveu le duc de Aisniowicj qui i va, tellement qu'avec selles de Niesabitouski, qui est le nom de selui qui est isy lieutenant de la segonde compagnie d'hussards du roy, ils feront près de huit cens chevaux, et avec tous les soins que je prans pour toutes les autres comodités dont ils auront besoin, je suis asurée qu'ils oront des difficultés et peines extrêmes et ils n'ariveront qu'à Noël.

Je ne fais point de doute que le roy Monseigneur ne les resoive de la manière qu'ils méritent. Je ne croi pas qu'il se rancontre d'occasion avec le Moscovitte qu'environ ce tans là, parse qu'il sera besoin de la gelée, autrement les terres seroient trop humides dans se tans isy. Ils veulent s'attacher avec M. Garneski, lequel je priray bien fort pourtant de ne leur point permettre de s'hasarder. Tout se qu'il y a de gens de condition, ils les ont visité et l'archevesque i a envoié; s'il estoit en santé, il i seroit venu lui mesme. S'estoit l'évesque de Varmie (1) en France qui se resouvient de toutes les sivilités qu'il a reseus de vous à Paris. Mr le Nonse leur envoia demander audianse. Mr le comte de Guiche me consulta dessus se qu'il devoit faire. Je luy conseillé de ne la pas refuser, me fondant sur ce que Mr de Lumbres, aiant demandé en France coume il se comporteroit avec lui et ne lui aiant point esté fait de response là dessus à ce qu'il m'a dit, j'ai creu que s'estoit une chosse qu'on traittoit de rien, et, si Mr de Lumbres m'avoit voulu croire, il n'oroit point desisté de le visiter, me persuadant que vostre roy qui est si habile et si diligent n'oroit

(1) Ermeland, en latin Varmia, petit pays dans le palatinat de Marienbourg, qui appartint à la Pologne de 1466 à 1772. L'evêque avait le titre de *Prussiæ regiæ primas*.

point manqué de lui comander de rompre tout comerse s'il avoit jeugé que sela fût de son intérest. Dessus se fondement, j'ai creu que, s'il refusoit l'audianse de se nonce, que les Polonois s'en scandaliseroient grandement. S'est dont moi qui suis chargée de toutes leurs conduitte et je me fortifie de plus en plus que j'orai trouvé les vrais sentimans du roy son maistre. Ils partiront lundy. Je suis assuré qu'ils seront fort diligens de vous escrire par toutes les ocasions. Pour moi, je n'en manquerai pas une, quand j'en saurai des nouvelles, de vous les faire sçavoir. J'asure isy madame la duchesse de Gramont leur mère que tant qu'ils seront en Pologne, je tiendrai sa place auprès d'eux. Si la poste du Roy arive devant que sette letre se ferme, je vous manderai toutes les nouvelles. Je me trouve un peu mal depuis six jours.

« Mon cousin Monsieur le Mar[al] duc de Gramond. »

Quatre mois plus tard, Marie de Gonzague mandait au maréchal la belle conduite de ses fils. Voici la lettre qu'elle lui écrivit à ce sujet :

« Ce 14 mars [1644].

« La pene ou j'estois le dernier ordinaire de n'avoir point des nouvelles de l'armée n'est pas diminuée pour en avoir resu puisque vous aprendrés des lettres que je vous anvoie que le roy et toute l'armée s'alloient joindre à selles de Lithuanie pour ensuitte prendre les résolutions que l'on jugera à propos sur l'aproche de deux généraux moscovittes. Vous croirés facilement l'inquiétude où je me trouve de l'événement d'une bataille qu'aparament l'on voudra et qu'on sera aubligé d'hasarder et qui me paroist absolument nésessaire pour finir sette guerre. Quand vous saurés se que les contes de Guiche et de Louvigni ont fait à deux assaut qui ont esté donné à une plase que j'aurois bien voulu qui n'eust point esté assiégé, vous aurés grand sujet de remersier Dieu de se qu'il les a conservés, l'aisné ayant esté suivi de son cadet dans tous les lieux les plus périlleux, à la grande admiration des Polonois. Le roy Monseigneur ne se peut lasser de m'en dire du bien. Il les fit appeller plusieurs fois sans qu'ils voulussent rien escouter. Je ne vous puis dire combien ils mettent en réputation la nation fransoise et sur tout leur roy, auprès duquel on dit qu'il a esté nourri. Mes soins pour eux ogmentent ancore mes penes, craignant que, si on vient à quelque combat, ils ne se hasardent trop. Les Polonois ont acoustumé toujours de battre les Moscovittes avec bien peu de perte, mes qui peut savoir se que Dieu a résolu sette fois isi. Pour moi, je suis d'un naturel à prendre toujours toutes chosses au pis et je souffre bien souvent en imagination se qui n'arive jamés. Plusieurs croient que les Moscovittes n'hasarderont pas une bataille, n'aiant dans tous leurs péis que se qu'ils ont ramassé de troupes et qu'ils conduisent par forse, et qu'en présance des deux armées, ils demanderont à tretter, et je veux croire que le roy Monseigneur acseptera le parti le plus doux, s'ils se veulent mettre à la raison, estant fort nécessaire pour lui de ne point aussi hasarder ses troupes, sur tout ayans les Turc si proches de nos frontières. Je prie Me la comtesse de Guiche de faire prier Dieu par toutes les bonnes personnes qu'elle connoist. Ses afféres seront finis aparament devant que vous receviés sette lettre ; més, comme tout est présent à Dieu, les prières qu'on fera lui sont desjà conus.

« Mon cousin Monsieur le Maral duc de Gramont. »

Ces deux lettres, qui n'étaient point connues et que je publie sur les originaux écrits de la main de Marie de Gonzague et signés de son monogramme (1), nous fournissent assez a propos un trait du caractère de M. de Guiche. Je veux parler de cette bravoure furieuse qu'il avait précédemment montrée en Flandre, qu'il devait montrer plus tard au passage du Rhin et

(1) Elles nous ont éte communiquées par M. Etienne Charavay.

dont il étonna les Polonais. Ces grands coups reçus et donnés entraient dans la pratique de la galanterie. Les romans et les tragédies du temps nous font connaître que l'on n'était point un parfait amant, que l'on n'était point un prince aimable sans « se baigner dans le sang des ennemis » et « se couvrir de funérailles ». Peu importait le sujet de la querelle ; les blessures étaient tout. M. de Guiche en avait une magnifique à la main. Elle servit à Madame à le reconnaître, une nuit qu'il était masqué (1).

Sa conduite en Pologne ne laissa pas d'avancer ses affaires dans le cœur de Madame. Elle en fut instruite à un souper du roi, non par la lettre qu'on vient de lire, mais par des récits plus alarmants. Elle « en fut si saisie, dit la comtesse de La Fayette, qu'elle fut heureuse que l'attention que tout le monde avoit pour la relation empêchât de remarquer le trouble où elle étoit (2) ».

La guerre des Polonais et des Moscovites ne se termina qu'en 1667 ; mais le comte de Guiche était de retour en France dès l'été de 1664. Il y resta dix mois pendant lesquels il vit Madame à la dérobée,

(1) Cela nous ramène encore aux *Précieuses ridicules* et à la « furieuse plaie » de Mascarille. Je le répète, ce Mascarille est un vrai marquis

(2) Page 99 de cette édition.

comme le raconte madame de La Fayette. Puis il fut « exilé pour la troisième fois et s'en alla en Hollande finir les aventures du roman. La passion qu'il a eue pour Madame lui avoit attiré de grands malheurs; mais la vanité, dont il ne paroissoit que trop susceptible, lui en avoit sans doute ôté toute l'amertume (1). »

C'est madame de Motteville qui parle ainsi, en personne sensée. M. de Guiche, si occupé qu'il fût de cette maîtresse qu'il ne devait plus revoir, se donnait beaucoup de peine pour étonner les Hollandais. Il se promenait à cet effet, à La Haye, en habit de carnaval. Le roman, voyez-vous, était fini.

Il en recommença un autre à son retour en France. Dix-huit mois après la mort de Madame, le comte de Guiche faisait de belles lettres et de beaux discours à madame de Brissac. Madame de Sévigné nous apprend que c'était « en tout bien et en tout honneur (2) ». Madame de Brissac était toujours chez elle, et M. de Guiche n'en sortait pas. Mais cela ne donnait pas lieu à la médisance. C'est encore madame de Sévigné qui nous l'apprend : « Ils sont tellement sophistiqués tous deux, qu'on ne croit rien de grossier à leur

(1) *Mémoires* de madame de Motteville, coll. Petitot, t. XL, p. 232.

(2) Lettre du 13 janvier 1672.

amour et l'on croit qu'ils ont chacun leur raison d'être honnêtes (1). »

Le chansonnier croit au contraire que l'empêchement n'était que d'un côté et que madame de Brissac finit par congédier un amant si respectueux :

Le pauvre comte de Guiche
Trousse ses quilles et son sac ;
Il faudra bien qu'il déniche
De chez la nymphe Brissac.
Il a gâté son affaire
Pour n'avoir jamais su faire
Ce que fait, ce que défend
L'archevêque de Rouen (2).

Ce fut le dernier roman de M. de Guiche. Il mourut à Creutznach, dans le Palatinat du Rhin, le 29 novembre 1673, à l'âge de trente-six ans.

« Il voulait maîtriser toujours et décider souverainement de tout, lorsqu'il convenoit uniquement d'écouter et d'être souple : ce qui lui attira une envie générale, et enfin une sorte d'éloignement de la part du Roi, qui lui tourna la tête et ensuite lui donna la mort, car il ne put tenir à nombre de dégoûts réitérés (3). »

(1) Lettre du 27 avril 1672.
(2) L'archevêque de Rouen était Harlay de Chanvallon.
(3) *Mémoires* du maréchal de Gramont, édit. Petitot, t. LVII, p. 95

Voilà quel homme c'était et comment il aimait. Il est des choses secrètes et cachées par leur nature même. Je ne veux pas avoir l'air de savoir ce qu'on ne sait jamais, mais en vérité, les apparences, puisqu'il faut s'y tenir, sont favorables à Madame, et, en ce qui la concerne, le meilleur à croire est aussi le plus croyable.

Madame de La Fayette, il est vrai, donne à sourire quand elle dit que des entrevues périlleuses « se passoient à se moquer de Monsieur et à d'autres plaisanteries semblables (1) ». Mais cet enfantillage est bien dans la nature de ce comte de Guiche si gâté par le respect humain et la vanité. Quand cet Amadis quittait sa cuirasse, il jouait comme un écolier et s'amusait de bon cœur aux espiègleries les plus enfantines. Et que dit ce terrible libelle qui fut imprimé en Hollande et empêcha Madame de dormir (2) ? Il dit qu'au moment le plus critique de sa passion pour Madame, M. de Guiche, revenu d'exil, s'amusait, de concert avec elle, à mettre de l'encre dans les bénitiers pour que Monsieur se barbouillât la main et le visage. Madame de La Fayette avait l'esprit trop sérieux pour entrer dans ces gaietés, qui

(1) Page 65 de notre édition.
(2) *La Princesse*, voir la note de la page LVIII.

contrastent, il faut l'avouer, avec le galant et le tendre, mais sont tout à fait innocentes.

Puis conviendrait-il qu'on fût plus sévère que Bossuet ? Et ne me permettra-t-on pas de prendre en cette occasion un peu de cette magnanime indulgence que tout ce grand XVIIe siècle, marquises et prélats, accordaient à d'élégantes faiblesses ? N'est-on point tenté de dire avec l'Œnone de Racine :

Mortelle, subissez le sort d'une mortelle.

Je n'ai point, comme M. Feuillet, que vous allez connaître (1), le cœur à dire des duretés. Encore disait-il les siennes à Madame, dans l'exercice de son ministère, quand elle était vivante et pouvait les entendre. Dès que nous rentrerons dans le temps présent nous ne relâcherons rien de la plus stricte morale ; mais pourquoi froncer le sourcil quand il s'agit des dames du temps jadis ? Ce qui est fait est fait.

Cette jeune princesse ne s'en fit pas moins un grand tort par ses étourderies, et ce que le public apprit de ses aventures avec M. de Guiche fut matière à calomnie Ceci m'amène à compléter sur un point le récit de madame de La Fayette. Elle dit que toute cette affaire de Guiche fit un bruit fâcheux. Il y avait là-dessus une anecdote que Madame ne lui fit point écrire, non

(1) Voir p. 138 de ce volume.

qu'elle l'eût oubliée, mais plutôt parce que le souvenir lui en était pénible et qu'elle voulait l'étouffer. C'était celui d'un manuscrit intitulé : *Les Amours de Madame et du comte de Guiche*, qui courait Paris et s'imprimait en Hollande. Elle chargea M. de Cosnac, évêque de Valence, d'en avertir Monsieur, pensant bien qu'il ne manquerait pas de gens pour le faire avec moins d'adresse ou de charité. En effet, l'évêque de Valence fut devancé. Mais Madame avait à cœur de faire disparaître l'édition. Cosnac la fit racheter par l'intermédiaire de Charles Patin, fils du célèbre médecin Guy Patin. Madame en était quitte pour la peur ; du moins, elle croyait l'être, mais quelques exemplaires du libelle furent conservés et le texte reparut en 1754 sous le titre de *La Princesse ou les amours de Madame* dans *l'Histoire amoureuse* de Bussy-Rabutin (1) qui n'en était pas l'auteur mais à qui sa mauvaise réputation le fit attribuer.

(1) Tome II, p. 99. — On en connaît au moins trois manuscrits, tous plus complets que l'imprimé de 1754. Un de ces manuscrits a servi à M. Charles Livet pour sa publication de *La Princesse* dans le troisième volume de l'*Histoire amoureuse des Gaules*, édition Jannet. La bibliothèque nationale en possède deux ; l'un fait partie d'un recueil de pièces satiriques et a pour titre : *Histoire de Madame et du comte de Guiche, de Madame la comtesse de Soissons et de M. de Wardes* (In-4°, f. fr. 15229). L'autre, intitulé *Histoire des amours de Madame*, est précédée d'une relation confuse et erronée des relations de Louis XIV avec Madame qui ne peut être du même auteur que le reste (In-8°, f. fr. 13777). Nous donnons en appendice deux fragments de ce libelle.

Ce petit ouvrage, dont vous avez lu plus haut quelques lignes, est d'un ton décent et fort poli. L'auteur connaissait assurément le comte de Guiche qu'il représente comme un personnage affecté et comme un amant nuageux. Il fait parler Montalais (1) avec un grand air de vérité et donne à Madame une coquetterie naïve et facile, un goût d'aimer, une douceur fine qui ne vont point à l'encontre de ce qu'on sait mais qui vont bien au delà.

Nous avons d'autres témoins (si tant est qu'il y ait des témoins en ces sortes de choses). Madame de Motteville nous apprend que la Reine mère, « qui condamnoit la conduite apparente de Madame, la croyoit en effet pleine d'innocence. » Cette bonne dame de Motteville, sévère comme sa maîtresse pour les « jeunes erreurs », ne voyait du moins dans le passé de Madame « rien de criminel ». Madame de La Fayette, aussi croyable et mieux avertie, fait entendre suffisamment que les galanteries de Madame restèrent dans l'innocence. Car, après les avoir racontées, elle rapporte cette parole d'Henriette, mourante et se sentant mourir, au duc d'Orléans son mari : « Je ne vous ai jamais manqué. »

Le marquis de Vardes était beaucoup plus dange-

(1) Sur Montalais, voir p. 60.

reux que son ami le comte de Guiche. Vardes, fils de cette belle comtesse de Moret qu'aima Henri IV, n'était plus de la première jeunesse aux environs de 1663, ayant été nommé mestre de camp en 1646, mais il était encore et pour longtemps « l'homme de France le mieux fait et le plus aimable » : Cosnac le dit en propres termes. Puis il avait l'esprit naturellement agréable. La « merveille aux cheveux blonds », la mystique princesse de Conti l'écouta presque, elle qui n'avait pas écouté le Roi. La belle et sage duchesse de Roquelaure « lui accorda tout, mais seulement pour lui plaire », à ce qu'assure Conrart. La comtesse de Soissons devint folle de lui et ne put s'en lasser. Quand il se déclara à Madame, elle l'écouta avec trop d'indulgence. Elle en fit elle-même l'aveu. Elle avait, dit la comtesse de La Fayette, « une inclination plus naturelle pour lui que pour le comte de Guiche ». Je le crois, certes, bien ! C'était un merveilleux séducteur que ce Vardes et le grand sorcier des ruelles.

Pourtant elle ne lui permit pas de rompre avec la comtesse de Soissons et bientôt elle rompit avec lui, indignée de ses trahisons. Il lui en avait fait, et des plus noires. Cet homme était doué pour le mensonge d'une aptitude vraiment merveilleuse. L'Euphorbe de

Corneille est la droiture même auprès de Vardes qui trahit son ami, ses maîtresses, son Roi, Madame et soi-même. Car il finit par être sa propre dupe et se fit chasser.

Pendant son exil de dix-neuf ans dans son petit gouvernement d'Aigues-Mortes, il fit les délices de la noblesse de Provence. A cinquante ans, il se fit aimer d'une jeune fille de vingt ans, mademoiselle de Toiras, qu'il désespéra par son inconstance. Madame de Sévigné l'admirait malgré elle. Quand Louvois, le sombre Louvois, passa en Provence, Vardes l'ensorcela comme les autres et par lui obtint son rappel. « Il arriva (à la Cour) avec une tête unique en son espèce et un vieux justaucorps à brevet (1) comme on en portait en l'an 1663. Oui, il y a de cela vingt ans (c'est madame de Sévigné qui parle); cette mode ne se voyoit plus que dans les portraits de famille. Le roi lui-même ne put garder son sérieux, et se prit à rire en le voyant. « Ah! Sire, s'écria de Vardes, dont l'esprit étoit toujours de mode, quand on est assez misérable pour être éloigne de vous, on n'est pas seulement malheureux, on est ridicule. » Le roi fit appeler le Dauphin et le présenta à Vardes comme un jeune courtisan. Vardes le

(1) L'habit de cour qu'on ne pouvait porter sans brevet.

reconnut et le salua. Le roi lui dit en riant : « Vardes, voilà une sottise : vous savez bien qu'on ne salue personne devant moi. » M. de Vardes du même ton : « Sire, je ne sais plus rien, j'ai tout oublié ; il faut que Votre Majesté me pardonne jusqu'à trente sottises. — Eh bien ! je le veux, dit le Roi ; reste à vingt-neuf. »... De Vardes, toujours de Vardes, c'est l'évangile du jour (1). »

Il reprit rang, donna le ton, fit la mode, et mourut à soixante-dix ans, charmant. Ce n'est pas avec un homme comme Vardes qu'une femme peut sans danger « avoir l'air de demander le cœur ».

VI. DE LA VIE DE MADAME A PARTIR DU PRINTEMPS DE MIL SIX CENT SOIXANTE CINQ, ÉPOQUE A LAQUELLE S'ARRÊTE LE RÉCIT DE MADAME DE LA FAYETTE.

Le récit de la comtesse de La Fayette s'arrête court (nous l'avons dit) au printemps de 1665 sur la dernière entrevue du comte de Guiche et de la Princesse. On pourrait le regretter pour la gloire de

(1) Lettre du 26 mai 1683.

Madame dont la pensée prenait dès lors plus de gravité, de sagesse et d'étendue ; mais le cahier abandonné était si bien destiné à recevoir des récits de galanteries, qu'on conçoit qu'il ait été laissé précisément dans le temps où la vie de Madame ne fournissait plus de sujets de ce genre. Il était complet. Qu'après le départ du comte de Guiche, Monsieur, entré brusquement dans le cabinet de Madame, l'ait trouvée « ayant un petit portrait du duc de Luxembourg dans la main et une lettre de lui devant elle », comme le dit le libelliste (1), c'est une aventure qui fit peu de bruit dans une Cour où tout se savait. Pour retourner le proverbe, à voir si peu de fumée, on ne peut croire qu'il y eut grand feu. Et, si Madame dansa en 1668 des contredanses avec son jeune neveu de la main gauche, le duc de Monmouth (2), âgé alors de dix-neuf ans, il nous est impossible de voir en cela l'indice d'une intrigue. Monsieur, averti par le chevalier de Lorraine, se plaignit bien haut. Mais on récusera le juge et le témoin.

Au côté d'un mari sot, jaloux et tracassier, la vie d'Henriette fut frivole, sa vie, mais non son âme. Elle

(1) Voir *la Princesse*, à la fin de ce volume. — Je cite ici d'après le ms. de la biblioth. nat., f. fr. 13777.
(2) Voir p. 116.

avait dans l'esprit plus d'étendue et de solidité que n'en feraient soupçonner les jolis riens et les dangereuses fantaisies de sa première jeunesse. Elle devinait les hommes avec une rare pénétration. Nous avons vu qu'elle reconnut fort bien le vrai fonds égoïste et médiocre de Louis XIV. Elle savait exactement que penser de « la fausse capacité (1) » de Villeroi. Elle savait placer sûrement sa confiance. Sa discrétion, attestée par Bossuet et par madame de La Fayette, la rendait propre aux affaires. Si elle y faillit une fois, à notre connaissance, en montrant à un homme sans foi, mais si séduisant, des lettres confidentielles du roi d'Angleterre, elle avait du moins alors l'excuse d'une extrême jeunesse et d'une grande inexpérience. Le premier aumônier de Monsieur, Daniel de Cosnac, évêque de Valence, la considère, dans ses *Mémoires,* comme une personne fidèle et très sûre.

L'évêque de Valence, ambitieux et honnête, avait le caractère de ces grands serviteurs des princes, de ces fiers domestiques dévoués à leur maître et hautains avec lui, gens qu'on vit à l'œuvre sous Henri IV et Louis XIII, et qui se faisaient rares depuis lors. Il s'obstina longtemps à faire de Monsieur un homme

(1) Lettre à madame de Saint-Chaumont, Cosnac, *loc. cit.*, p. 407.

d'État. Par là, il déplut au Roi, qui n'aimait pas à voir son frère si bien conseillé, et il déplut à Monsieur dont il contrariait la paresse et les vices. Mais Henriette entrait dans les projets de ce politique en camail et elle le mettait dans la confidence de ses propres affaires. Elle ne put faire qu'il ne fût chassé par Monsieur et exilé dans son diocèse par le Roi, mais elle continua de correspondre avec lui. Une grande affaire l'occupait, le rétablissement du catholicisme en Angleterre. Elle prenait en main avec les deux rois cette vaste intrigue et elle comptait y employer l'évêque de Valence, pour qui elle avait déjà obtenu, sans le nommer, le chapeau de cardinal. Tout cela resta en projet et en imagination, mais Henriette, par le voyage de Douvres, prit une grande part à la diplomatie de son temps

Louis XIV, voulant détacher Charles II de la triple-alliance, choisit pour médiatrice entre les deux rois de France et d'Angleterre la duchesse d'Orléans « lien naturel » de leur union (1). Madame passa à Douvres et y rencontra comme par hasard Charles II son frère. Elle rapporta de ce voyage un traité secret qui servit de base à des négociations que l'éditeur du

(1) Lettre de Louis XIV, septembre 1669.

petit livre de madame de La Fayette n'a pas à suivre

Au milieu de ces occupations, Madame souffrait beaucoup de l'humeur jalouse et tracassière de son mari. On dit même que le voyage de Douvres avait pour elle un autre intérêt que celui des deux couronnes et qu'elle poursuivait en le faisant un but secret et domestique qui ne fut point atteint, celui d'obtenir de son frère un asile à la cour d'Angleterre pour y vivre séparée de son mari. On trouvera, dans notre texte, entre crochets et en italiques, plusieurs fragments des *Mémoires* de mademoiselle de Montpensier qui, mis bout à bout, donnent une idée des chagrins qui gâtèrent les dernières années de la vie de Madame.

Mais on n'y trouvera rien qui se rapporte aux deux *Bérénice,* écrites, l'une et l'autre, en 1669. Madame de La Fayette, à supposer qu'elle eût terminé son histoire, n'y aurait peut-être pas parlé du tout de cette élégante espièglerie de Madame, qui imagina d'inspirer en même temps au vieux Corneille et à Racine l'idée de la même tragédie et qui s'y prit avec assez d'adresse pour que chacun des poëtes ignorât quel sujet traitait l'autre. Ce sujet était galant ; il y fallait représenter Louis XIV sous le nom de Titus et Marie Mancini sous celui de Bérénice. Car c'est bien cela et cela seul qu'on peut voir dans l'*invitus invitam dimisit.* Et il est impossible au contraire d'y rien trouver qui rappelle les sentiments d'Henriette pour le Roi. On a reproché à Madame d'avoir fait courir au vieux Corneille une fâcheuse aventure et causé une mauvaise pièce. L'aventure fut fâcheuse en effet pour Corneille ; quant aux défauts de sa pièce, ils ne peuvent être imputés au sujet. On a dit qu'il était trop galant, mais il n'y avait pas de sujets trop galants pour Corneille et les autres poetes du Palais-Cardinal. Ceux-là ne séparaient point l'héroique du tendre. D'ailleurs l'auteur vieilli de *Cinna* faisait depuis quelque temps de mauvaises pièces sans que Madame s'en mêlât. *Attila* est de 1667 et *Pulchérie* de 1672. La tragédie de *Tite et Bérénice,* venue dans l'intervalle, ne vaut ni plus ni moins. Madame ne devinait peut-être pas que la *Bérénice* de Corneille, démodée avant que de naître, attesterait le déclin d'un illustre vieillard, tandis que la *Bérénice* de Racine serait une élégie belle comme l'amour, noble comme la douleur et touchante comme la vie. Au contraire, si, caressée par les louanges délicates que le plus jeune et le mieux doué des deux poetes lui avait données (1), si, se rappelant les larmes qu'elle

(1) Dans la dedicace d'*Andromaque,* en 1667.

avait versées en écoutant *Andromaque,* elle désira que le duel (1) préparé par sa ruse spirituelle se terminât à l'avantage de Racine, on ne la blâmera pas d'avoir mis ses souhaits du côté de la poésie la plus humaine, la plus touchante, la plus vraie et la plus belle. Je ne parle ici des deux *Bérénice* que pour rappeler que Madame avait l'esprit très cultivé. « On savoit, lui dit Racine, en 1667, dans l'épître dédicatoire d'*Andromaque,* on savoit que Votre Altesse Royale avoit daigné prendre soin de la conduite de ma tragédie. » Cela veut dire, non qu'elle aida véritablement le poete, mais que, parfois, au milieu des divertissements, elle s'occupait de beaux vers et de hautes pensées. Bossuet nous apprend que, dans un âge un peu plus avancé, elle se plaisait aux livres d'histoire.

VII. DE LA MORT DE MADAME.

Ce fut au retour de l'entrevue de Douvres que Madame mourut. On la crut victime d'un crime et

(1) « Berénice fut un duel dont tout le monde sait l'histoire. Une princesse fort touchee des choses de l'esprit, et qui eût pu les mettre à la mode dans un pays barbare, eut besoin de beaucoup d'adresse pour faire trouver les deux combattants sur le champ de bataille sans qu'ils sussent où on les menoit. » (Fontenelle, *Vie de*

l'indignation publique désigna les coupables. On nomma le chevalier de Lorraine et un homme de sa bande, d'Effiat. On sait que le chevalier de Lorraine, beau comme Maugiron, audacieux, fier, « un vrai Guizard », dit Saint-Simon, avait pris à la cour de Monsieur la place de Madame. Celle-ci supportait mal ces étranges rivalités. Le roi exila le chevalier de Lorraine ; on dit que ce fut à la prière de Madame ; elle s'en défendit ; on devait la croire, car elle n'était pas menteuse, mais on ne la crut pas (1), et le chevalier put emporter en exil la pensée intolérable qu'il était chassé par une femme. Il s'en alla dans cette Italie, considérée depuis les Borgia comme la terre classique des poisons ; Monsieur, qui s'était évanoui comme une femme à la nouvelle qu'il perdait le chevalier, avait d'Effiat auprès de lui comme premier écuyer.

Il n'en fallait pas davantage pour faire naître le soupçon, vraisemblable malheureusement, d'un horrible drame domestique. Madame l'avait eu la première.

Voici quel était le véritable état des choses. Le 29 juin 1670, Madame écrivit à la Princesse palatine qui lui était désignée comme médiatrice entre

Corneille, dans l'*Histoire de l'Académie françoise*, par Pelisson 1729, in-4°, p. 195.)

(1) Voir p. 118 de cette édition.

le duc d'Orléans et elle. La Palatine, sœur de la reine de Pologne que nous avons vue recevoir M. de Guiche, était devenue, par l'effet de l'âge, fort respectable et de bon conseil. Mazarin avait raison de dire que le temps est un galant homme. Cette lettre nous apprend que Monsieur, de plus en plus aigri contre Madame, avait mis trois conditions à son raccommodement. Les deux premières étaient relatives au désir qu'il avait de se mettre en tiers dans les affaires de Madame et de Charles II et à la pension de son fils mort, laquelle il voulait toucher. La troisième, qui lui tenait seule au cœur, était le rappel du chevalier de Lorraine. Et vraiment Madame, qui craignait ce retour, n'était pas la personne qu'il fallait pour l'obtenir. Elle avait négocié du moins pour que le chevalier fût honorablement reçu en Angleterre. Sur les deux autres points elle avait obtenu à peu près ce que Monsieur demandait. Mais il ne voulait rien entendre qu'on ne lui eût rendu son chevalier. Il querellait, boudait, menaçait. Les choses étaient au pire. Henriette, les ayant exposées à la Princesse palatine, ajouta : « L'on ne me fera jamais rien faire à coups de bâton (1). »

Cette lettre, comme j'ai dit, est datée du 29 juin 1670.

(1) Voir Appendice II, à la fin de ce volume.

Le même jour, Madame, ayant bu un verre d'eau de chicorée, sentit tout à coup une grande douleur à l'estomac, se crut empoisonnée, le dit et ne cessa de le croire pendant les neuf heures qui lui restaient à vivre. Si elle n'en parla plus à la fin, ce fut par soumission à son confesseur, le dur M. Feuillet, et parce que, chrétienne ardente, elle reportait toutes ses pensées sur l'éternité dont elle se sentait proche. Mais ses soupçons, loin de finir avec elle, se répandirent dans toute la société, et la rumeur publique fut que le chevalier de Lorraine avait envoyé le poison et que d'Effiat avait mis ce poison dans l'eau de chicorée. Saint-Simon, qui n'a point en la cause l'autorité d'un témoin, puisqu'il naquit cinq ans après la mort de Madame, inséra dans ses *Mémoires* (1) un récit très circonstancié de l'empoisonnement. Ce récit, qui présente en lui-même de graves difficultés (2), ne dispense en aucune façon l'historien

(1) Edit. Cheruel, 1856, t. III, p. 180 et suiv.

(2) Saint-Simon dit, par exemple, qu'un garçon de la chambre de Madame fit l'eau de chicoree, et madame de La Fayette, qui était de la maison et savait comment tout s'y passait, dit précisement que madame Desbordes, première femme de chambre de Madame, prépara l'eau de chicoree. Il fallait que Saint-Simon fût bien mal renseigne sur madame, car il dit dans ce recit qu'elle « étoit d'une très bonne sante ». La lettre de Guy Patin qu'on a lue plus haut, le *sentiment de Monsieur Vallot sur la mort de Madame* (ms. de Conrart, t. XIII), l'abominable propos de Monsieur, pendant le voyage de Flandre (Voir p. 120 de notre édition), prouvent que Madame

d'interroger les faits. Les relations de la mort de Madame sont fort nombreuses et suffisamment concordantes. On possède en outre deux procès-verbaux d'autopsie (1).

A l'aide de ces documents, M. E. Littré, doublement préparé aux explorations de ce genre par ses connaissances médicales et par sa rigoureuse méthode de critique historique, a recherché si vraiment Madame avait été empoisonnée. La dissertation de ce savant, inspirée par une bonne foi parfaite et conduite avec le zèle d'un esprit curieux et sincère, aboutit à une négation formelle. On la trouvera dans le volume intitulé *Médecine et Médecins* (2) et, comme les personnes les plus étrangères à l'érudition pourront se plaire à ces pages ornées de littérature et empreintes de cette sagesse affectueuse qui est le

n'avait pas même les apparences de la santé. Mademoiselle de Montpensier qui la vit après le voyage de Douvres fut effrayée. « Elle (Madame) entra chez la reine comme une morte habillée, à qui on auroit mis du rouge, et comme elle fut partie, tout le monde dit, et la reine et moi nous nous souvînmes que nous avions dit : « Madame a la mort peinte sur le visage. » (*Mémoires de mademoiselle de Montpensier*, collection Petitot.)

(1) Voir la note 1 de la page 123. Lisez cette note en mettant une virgule au lieu d'un point à la ligne 5 (entre *t. III* et l'*abbé Bourdelot*).

(2) 1872, in-8°, pp. 429 et suiv. Cette étude avait d'abord été publiée dans la *Philosophie positive*, en septembre-octobre 1867. — M. Littré a mis Valet pour Vallot et le chevalier du Temple pour le chevalier Temple.

propre du vénérable vieillard qui les a écrites, notre désir serait d'y renvoyer simplement le lecteur; mais on est en droit de demander au plus récent éditeur de l'*Histoire d'Henriette d'Angleterre* un précis de l'état actuel de la science relativement à la question controversée de la mort de Madame ; c'est pourquoi nous croyons devoir nous approprier les principaux arguments fournis par M. Littré. Le lecteur voudra bien tout d'abord lire attentivement la relation qu'il trouvera aux pages 123 et suivantes de ce volume ; qu'il remarque ensuite :

1° Que l'eau de chicorée (1) fut apprêtée par une femme sûre, madame Desbordes, cette première femme de chambre « qui était absolument à Madame ».

2° Que madame Desbordes but de la même eau de chicorée et ne fut pas incommodée. (Madame de La Fayette dit bien qu'on lui en apporta un verre, mais il n'est pas croyable qu'elle ait bu avant la princesse, et on ne voit pas qu'elle ait bu après) (2).

(1) Madame de La Fayette dit que cette eau était dans une bouteille. Saint-Simon dit qu'elle était dans un pot. Cela n'a l'air de rien et pourtant trahit l'arrangement. D'Effiat pouvait jeter très vite le poison dans un pot. Le couler dans une bouteille etait plus difficile et plus long. On risquait d'être surpris pendant l'operation. La métamorphose de la bouteille en pot a donc son intérêt.

(2) Lefèvre d'Ormesson dit, dans son journal : « Les dames qui etoient avec elle (Madame) avoient bu de cette même eau et ne l'avoient point trouvée si mauvaise. » (t. II, p. 593) Mais Lefèvre

3° Que, si le poison n'était pas dans la bouteille, il n'était pas non plus dans le verre, car madame Desbordes n'aurait pas versé à boire à la Princesse dans un verre enduit sur les bords d'une substance inconnue ou contenant au fond quelque poudre.

4° Que Madame, ayant bu, se prit le côté et dit : « Ah ! quel point de côté ! ah ! quel mal ! » Il faudrait donc supposer un poison capable de causer instantanément une vive douleur à l'estomac sans procurer à la bouche et à la gorge une sensation appréciable ; or il n'y a pas de poison semblable. Les alcalis et les acides concentrés brûlent la gorge ; l'arsenic et le phosphore ne causent point une douleur immédiate. Quant aux poisons foudroyants, comme ceux de Locuste (1), on n'en peut parler à propos d'une patiente qui subit neuf longues heures de torture.

Toutefois, ces preuves négatives ont, malgré leur force, un vice de nature. Elles sont insuffisantes par

d'Ormesson ne fut pas témoin et madame de La Fayette l'était. Ce qui est rapporté à ce sujet dans une lettre de Bossuet, citée par Floquet, est encore moins croyable, car la lettre elle-même est véhémentement soupçonnée d'être fausse. « Monsieur, est-il dit dans cette lettre, Monsieur qui avoit donné à boire à Madame de Meckelbourg, qui s'y trouva, acheva de boire le reste de la bouteille pour rassurer Madame. » On voit dans la relation de madame de La Fayette qu'il était lui-même peu rassuré et nullement disposé à tenter une épreuve de ce genre.

(1) Et comme le curare.

cela même qu'elles sont négatives. Ce n'est pas assez de dire comment Madame n'est pas morte ; il faut dire, s'il se peut, comment elle est morte.

Si l'on interroge les médecins qui firent l'autopsie, ils répondent que Madame mourut « d'une trop grande effusion de bile », ce qui ne veut rien dire du tout. Mais quand ils disent qu' « il sortit du ventre une vapeur fétide » et qu'ils trouvèrent « l'épiploon tout mortifié et gangrené, les intestins tendant aussi à mortification et putréfaction », ils indiquent clairement les effets d'une inflammation du péritoine. Il est acquis, par cela seul, que Madame mourut d'une péritonite.

Recherchons maintenant la cause et la nature de cette atroce douleur au côté qui suivit immédiatement l'ingestion du verre d'eau de chicorée et qui se renouvela (il est utile de le rappeler) quand Madame prit de l'huile et du bouillon ; et voyons quelle peut être la lésion qui, après quelques malaises indéterminés, se signale par une douleur d'estomac foudroyante, suivie d'une péritonite suraiguë.

M. Vallot ne peut nous répondre, mais Littré, fort des observations de la médecine moderne, n'hésite pas à diagnostiquer l'ulcère simple de l'estomac (1), que

(1) Ulcère simple de l'estomac (Cruveilhier), ulcère perforant de l'estomac (Rokitansky).

le professeur Cruveilhier fut le premier à décrire et que les médecins de Madame ne purent reconnaître, puisqu'ils ne le connaissaient pas. Il est certain que depuis quelque temps Madame, après ses repas, souffrait de l'estomac. Le liquide qu'elle prit le 29 juin détermina la perforation de la paroi ulcérée. De là cette cruelle douleur au côté, puis la péritonite que nous avons constatée.

Les médecins qui ouvrirent le corps trouvèrent en effet que l'estomac était percé d'un petit trou ; mais comme ils ne pouvaient s'expliquer l'origine pathologique de ce trou, ils s'imaginèrent qu'il avait été fait par mégarde pendant l'autopsie, « sur quoi, dit l'un d'eux, je fus le seul qui fis instance (1) ». Cette illusion s'explique d'autant mieux que, dans cette lésion maintenant connue, le pertuis, ne présentant aucune induration sur ses bords parfaitement réguliers, semble artificiel. Jaccoud signale « la délimitation très nette de l'ulcère, l'absence d'inflammation et de suppuration périphérique (2) ».

Ce n'est pas tout : les médecins trouvèrent dans le bas-ventre une matière « grasse comme de l'huile ».

(1) *Mémoire d'un chirurgien du roi d'Angleterre*, voir plus haut, page XV, note 2.
(2) *Pathologie*, 1877, t. II, p 159.

C'en était en effet. C'était l'huile que Madame avait bue comme contre-poison, et qui s'était épanchéehors de l'estomac perforé.

En résumé : Avant le 29 juin, douleurs gastriques causées par l'ulcération. Le 29, déchirure de l'ulcération et péritonite suraigue.

Tel est, fort abrégé, le système de M. Littré. Nous en avons reproduit les principales dispositions en y ajoutant quelques faits qui y entraient parfaitement. Mais ce système a été attaqué dans plusieurs de ses parties. Un érudit que la sagacité de son esprit a voué particulièrement à l'étude des points obscurs de l'histoire moderne, M. Jules Loiseleur, bibliothécaire de la ville d'Orléans, a inséré en 1872, dans le journal *le Temps*, trois articles consacrés à l'examen des mêmes faits (1), et sa conclusion, comme celle du savant positiviste, est que Madame, succombant à des influences naturelles, est morte d'une péritonite. Mais M. Loiseleur n'admet pas avec M. Littré que cette affection ait été déterminée par une perforation intestinale. Il relève, tout d'abord, dans le récit de madame de La Fayette deux particularités que Littré a négligées, bien qu'elles aient pu avoir quelque effet

(1) Les 2, 3 et 4 novembre.

sur la santé de la Princesse. Il s'agit d'un bain froid et d'une promenade de nuit.

En effet, le 27 juin, Madame, étant à Saint-Cloud, se baigna dans la rivière, malgré la défense du médecin; et elle se trouva fort mal de ce bain. Le lendemain, elle se promena au clair de lune jusqu'à minuit. C'est à ce bain et à cette promenade que M. Loiseleur est tenté de rapporter l'origine de la péritonite. Il est vrai que le froid peut déterminer cette affection. Mais Jaccoud nous enseigne que le cas est rare et que l'inflammation du péritoine procède presque toujours d'une lésion interne, telle que rupture ou perforation. En admettant même, avec M. Loiseleur, l'influence décisive d'un froid humide, on ne s'explique pas l'action foudroyante du verre de chicorée, et c'est pourtant là le point culminant de ce drame pathologique. La perforation, au contraire, rend de cette action un compte terriblement exact.

Consultons Jaccoud et il nous dira : « La péritonite par perforation éclate par une douleur extrêmement violente qui, localisée d'abord sur un point, s'étend bientôt à tout l'abdomen (1). » Peut-on décrire plus précisément l'état de Madame ?

( ) *Loc., cit.* p., 309.

Mais M. Loiseleur, qui sait s'informer en toutes choses, n'ignore pas que l'ulcère simple de l'estomac va rarement jusqu'à la perforation. Je trouve dans le maître qui me guide (1) qu'elle n'a guère lieu qu'une fois sur sept ou huit cas, et qu'assez souvent des adhérences en empêchent l'effet foudroyant. Et c'est là pour M. Loiseleur une raison de douter, car, en bonne critique, plus un fait est extraordinaire, plus il a besoin de preuves pour être croyable. Mais cette perforation est d'une rareté relative : elle est rare par rapport à la lésion qui la produit et qui, par contre, est très fréquente. « Brinton, réunissant un très grand nombre de relevés, démontre qu'elle est rencontrée cinq fois sur cent autopsies. Elle est plus commune chez la femme que chez l'homme (2). »

Il n'est donc bien extraordinaire ni qu'Henriette d'Angleterre en ait été atteinte, ni même qu'elle en ait été atteinte sous la forme la moins commune. Jusqu'ici la démonstration de Littré n'est pas beaucoup contrariée, ce nous semble. Mais M. Loiseleur va l'atteindre sur un point important et qui semblait décisif. En effet, vous avez vu tout à l'heure que, quand les médecins ouvrirent le corps, ils trouvèrent l'esto-

(1) Jaccoud, *loc. cit.*, p. 162.
(2) Jaccoud, *loc. cit.*, p. 160.

mac percé d'un petit trou que Littré reconnaît pour être la lésion mortelle, mais qu'ils crurent avoir fait par mégarde pendant l'autopsie. « Sur quoi, dit l'un d'eux, je fus le seul qui fis instance. » Celui qui parla ainsi est un médecin anglais. Son témoignage sur ce point n'est pas unique. L'abbé Bourdelot, présent à l'autopsie, rapporte l'incident d'une tout autre manière :

« Il arriva, par mégarde, dit-il, lors de la dissection, que la pointe du ciseau fit une ouverture à la partie supérieure du ventricule, sur laquelle ouverture beaucoup de gens se récrièrent, demandant d'où elle venoit. Le chirurgien dit qu'il l'avoit faite par mégarde et M. Vallot dit avoir vu quand le coup avoit été donné (1) »

S'il en est ainsi, si cette version dont Littré n'a pas tenu compte et que M. Loiseleur oppose à celle du chirurgien anglais, est des deux la véridique, il faut renoncer à voir et à toucher du doigt, comme nous faisions tout à l'heure, le pertuis, la perforation de l'ulcère, le petit passage que la mort s'est frayé dans le corps de la jeune femme.

Le chirurgien anglais est d'accord avec Bourdelot

(1) Voir p. 123, note 1

pour attribuer l'ouverture à un coup de ciseau donné par l'opérateur. Mais tandis que le chirurgien anglais dit qu'il fut seul à remarquer cette ouverture, Bourdelot déclare que « beaucoup de gens » demandèrent d'où elle venait. En cela, les deux témoins se contredisent étrangement ; on ne peut admettre la version de l'un sans repousser celle de l'autre. Or, ce qui nous intéresse le plus c'est ce que Bourdelot seul nous apporte : je veux dire l'aveu de l'opérateur qui offensa le ventricule et le témoignage de M. Vallot qui le vit faire. Ce sont là, ce semble, deux dépositions irrécusables. Mais je me défie, pour ma part, de l'opérateur, de l'abbé Bourdelot et de M. Vallot lui-même, qu'on sait avoir été fort embarrassé dans toute cette affaire. Les médecins français tremblaient de trouver dans les entrailles de la Princesse les indices d'un crime dont le soupçon eût atteint la famille du roi. Ils craignaient même tout ce qui prêtait au doute, et, par cela seul, à la malveillance. Sachant que la moindre incertitude sur la cause de la mort ou l'état de cadavre serait interprêtée par le public dans un sens qui les perdrait, ils avaient pour tout expliquer la raison de l'intérêt et le zèle de la peur. Or, dans l'impossibilité où ils étaient de rapporter à un type pathologique normal une lésion inconnue à tous et suspecte, peut-être, à quelques-uns, ils avaient grand avantage à expliquer par un accident d'autopsie cette plaie énigmatique. Et l'on comprend qu'ils crurent naturellement ce qu'ils désiraient croire. Les chirurgiens anglais, aussi ignorants qu'eux, acceptèrent leurs raisons faute d'en trouver de meilleures.

Cette considération me rend assez perplexe à l'endroit du coup de ciseaux. En somme, je crois que, malgré l'atteinte que lui porta la main exercée de M. Loiseleur, la construction médico-historique de M. Littré garde à peu près toute la solidité que comporte la double nature des matériaux qui y sont employés. Dans tous les cas, il est certain qu'Henriette d'Angleterre n'est pas morte empoisonnée.

VIII. BIBLIOGRAPHIE DE L'HISTOIRE D'HENRIETTE D'ANGLETERRE.

Il y avait dans la collection Fontette un manuscrit de l'Histoire d'Henriette d'Angleterre avec des notes qui n'ont pas été imprimées. Ni ce manuscrit, ni celui qui fut donné à l'imprimeur, ne se retrouvent aujourd'hui. L'édition originale, en un volume in-12, a pour titre : « Histoire de Madame Henriette d'Angleterre, première femme de Philippe de France, duc d'Orléans, par dame comtesse de La Fayette. Amsterdam, chez Michel-Charles Le Cène, M.D.CC.XX. Avec portrait : « Henriette-Anne d'Angleterre, épouse de Philippe de France, duc d'Orléans. G.Schouten f. »

Cette édition fut faite avec autant de négligence que les libraires de Hollande en mettaient d'ordinaire à publier les libelles qui foisonnaient dans leurs magasins. Beaucoup de noms y sont altérés et souvent les notes de l'éditeur brouillent ce qu'elles veulent éclaircir. Toutefois ce texte fut reproduit sans grand amendement dans les Œuvres complètes de madame de La Fayette et dans les Collections de Mémoires sur l'histoire de France. L'historien de Louis XIII, A. Bazin, entreprit le premier « de restaurer ce petit chef-d'œuvre ». Il rétablit des noms et des dates ; mais il était mort quand le libraire Techener fit imprimer le texte ainsi amélioré (1) et le prote qui vit les épreuves fut très inattentif (2). Cette édition nous a pourtant été fort utile.

(1) Histoire de madame Henriette d'Angleterre, première femme de Philippe de France, duc d'Orleans, par madame la comtesse de La Fayette, publiee par feu A. Bazin. *Paris, Techener*, M. D. CCC. LIII, in-16, avec un portrait qui n'est que le cuivre des *Galeries de Versailles* decoupé en medaillon ovale.

(2) Il ne remarqua pas, par exemple, une certaine note de la page viij qui donne à l'heroine même de l'histoire les prenoms de sa mere, et il laissa madame Desbordes, première femme de chambre de Madame, devenir madame Descois.

Forcé de suivre, à défaut de tout manuscrit, le texte de 1720, nous n'en avons conservé ni l'orthographe ni la ponctuation. Les virgules y sont semées au hasard et les doubles points extraordinairement multipliés sans qu'on en puisse deviner la signification. D'ailleurs, pour publier aussi exactement que possible l'écrit d'une dame française du siècle de Louis XIV, fallait-il adopter l'orthographe d'un imprimeur hollandais du XVIIIe siècle ?

ANATOLE FRANCE.

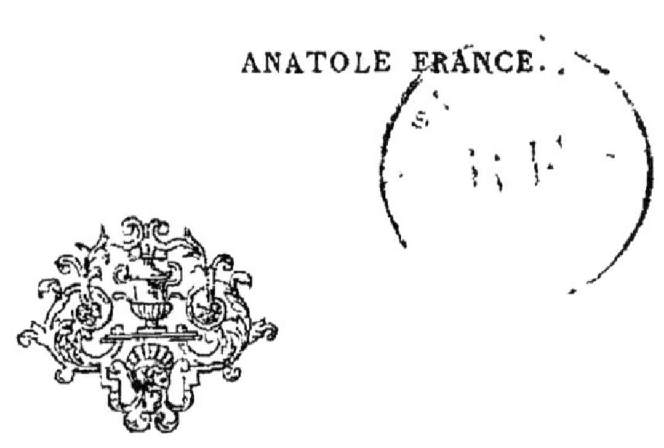

HISTOIRE
D'HENRIETTE
D'ANGLETERRE

PREFACE

HENRIETTE de France (1), veuve de Charles Ier, roi d'Angleterre, avoit été obligée par ses malheurs de se retirer en France (2), et avoit choisi pour sa retraite ordinaire le couvent de Sainte-Marie de Chaillot. Elle y étoit attirée par la beauté du lieu, et plus encore par l'amitié qu'elle avoit pour la Mère Angélique, supérieure de cette maison (3). Cette personne étoit venue fort jeune à la Cour, fille d'honneur d'Anne d'Autriche, femme de Louis XIII.

(1) Voir la note 3 de la page 33.
(2) En 1644.
(3) Louise Motier de La Fayette, née vers 1616, morte en 1665, fille d'honneur de la Reine ; après avoir inspiré à Louis XIII une passion qui resta innocente, elle se retira au couvent des Filles Sainte-Marie ou de la Visitation, à Paris, y prit le voile et fut en

Ce prince, dont les passions étoient pleines d'innocence, en étoit devenu amoureux, et elle avoit répondu à sa passion par une amitié fort tendre et par une si grande fidélité pour la confiance dont il l'honoroit, qu'elle avoit été à l'épreuve de tous les avantages que le cardinal de Richelieu lui avoit fait envisager.

Comme ce ministre vit qu'il ne la pouvoit gagner, il crut, avec quelque apparence, qu'elle étoit gouvernée par l'évêque de Limoges (1), son oncle, attaché à la Reine par madame de Senecey (2). Dans cette vue, il résolut de la perdre et de l'obliger à se retirer de la Cour ; il gagna le premier valet de chambre du Roi, qui avoit leur confiance entière, et l'obligea à rapporter de part et d'autre des choses entièrement opposées à la vérité. Elle étoit jeune et sans expérience, et crut ce qu'on lui dit ; elle s'imagina qu'on l'alloit abandonner et se jeta dans les Filles de Sainte-Marie.

religion la *mère Angélique*. Elle mourut âgée d'environ cinquante ans dans une maison du même ordre qu'elle avait établie à Chaillot et dont elle était la supérieure. (Voir *Mémoires de madame de Motteville*, collection Petitot, t. XXXVI, p. 387 et suiv.)

(1) François Ier de La Fayette, abbé de Dalon, évêque de Limoges du 19 mars 1628 au 3 mars 1695, oncle de l'amie de Louis XIII et du mari de l'auteur de ce livre.

(2) Marie-Catherine de La Rochefoucauld, veuve, en 1622, de Henri de Bauffremont, marquis de Senecey. Elle mourut en 1677, âgée de quatre-vingt-neuf ans.

Le Roi fit tous ses efforts pour l'en tirer (1); il lui montra clairement son erreur et la fausseté de ce qu'elle avoit cru ; mais elle résista à tout et se fit religieuse quand le temps le lui put permettre.

Le Roi conserva pour elle beaucoup d'amitié et lui donna sa confiance : ainsi, quoique religieuse, elle étoit très-considérée, et elle le méritoit. J'épousai son frère (2) quelques années avant sa profession ; et, comme j'allois souvent dans son cloître, j'y vis la jeune princesse d'Angleterre (3), dont l'esprit et le mérite me charmèrent. Cette connoissance me donna depuis l'honneur de sa familiarité ; en sorte que, quand elle fut mariée, j'eus toutes les entrées particulières chez elle, et, quoique je fusse plus âgée de dix ans qu'elle, elle me témoigna jusqu'à la mort beaucoup de bonté et eut beaucoup d'égards pour moi.

Je n'avois aucune part à sa confidence sur de certaines affaires ; mais, quand elles étoient passées, et,

(1) Madame de Motteville donne à croire qu'il n'en fit guères. Le père Caussin, qu'elle cite, rapporte, dans ses *Mémoires*, qu'à la nouvelle de la retraite de madame de La Fayette, le roi pleura, mais fit cette reponse resignée . « Il est vrai qu'elle m'est bien chère ; mais si Dieu l'appelle en religion, je n'y mettrai point d'empêchement. »

(2) Le 15 février 1655.

(3) Henriette-Anne. Voir p. 33, note 2.

presque rendues publiques, elle prenoit plaisir à me les raconter (1).

L'année 1665 (2), le comte de Guiche (3) fut exilé. Un jour qu'elle me faisoit le récit de quelques circonstances assez extraordinaires de sa passion pour elle : « Ne trouvez-vous pas, me dit-elle, que, si tout ce qui m'est arrivé et les choses qui y ont relation étoit écrit, cela composeroit une jolie histoire ? Vous écrivez bien (4), ajouta-t-elle ; écrivez, je vous fournirai de bons Mémoires. »

J'entrai avec plaisir dans cette pensée, et nous fîmes ce plan de notre Histoire telle qu'on la trouvera ici.

Pendant quelque temps, lorsque je la trouvois seule, elle me contoit des choses particulières que j'ignorois ; mais cette fantaisie lui passa bientôt, et ce

(1) « Ni la surprise, ni l'intérêt, ni la vanité, ni l'appât d'une flatterie delicate ou d'une douce conversation qui souvent, epanchant le cœur, en fait échapper le secret, n'etoit capable de lui faire découvrir le sien ; et la sûreté qu'on trouvoit en cette princesse, que son esprit rendoit si propres aux grandes affaires, lui faisoit confier les plus importantes. » (Bossuet, *Oraison funèbre d'Henriette d'Angleterre*)

(2) Le texte de 1720 porte, par erreur, 1664.

(3) Armand de Gramont et de Toulongeon, comte de Guiche, fils aîne d'Antoine III et arrière-petit-fils de la belle Corisande, né en 1638, mort le 29 novembre 1673. Il avait épousé, le 23 janvier 1658, Marguerite-Louise-Suzanne de Béthune-Sully.

(4) Madame avait lu sans doute la *Princesse de Montpensier, Paris, Cl. Barbin, (ou Th. Joly, ou de Sercy)*, 1662, in-8°. *Zayde* ne parut qu'en 1671, et la *Princesse de Clèves* qu'en 1678.

que j'avois commencé demeura quatre ou cinq années sans qu'elle s'en souvînt.

En 1669, le Roi alla à Chambord. Elle étoit à Saint-Cloud, où elle faisoit ses couches de la duchesse de Savoie, aujourd'hui régnante (1). J'étois auprès d'elle ; il y avoit peu de monde : elle se souvint du projet de cette Histoire et me dit qu'il falloit la reprendre. Elle me conta la suite des choses qu'elle avoit commencé à me dire : je me remis à les écrire ; je lui montrois le matin ce que j'avois fait sur ce qu'elle m'avoit dit le soir ; elle en étoit très-contente. C'étoit un ouvrage assez difficile que de tourner la vérité, en de certains endroits, d'une manière qui la fît connoître, et qui ne fût pas néanmoins offensante ni désagréable à la Princesse. Elle badinoit avec moi sur les endroits qui me donnoient le plus de peine ; et elle prit tant de goût à ce que j'écrivois, que, pendant un voyage de deux jours que je fis à Paris, elle écrivit elle-même ce que j'ai marqué pour être de sa main, et que j'ai encore (2).

(1) Anne-Marie d'Orléans, quatrième enfant de Madame, née le 27 août 1669, epousa, le 9 avril 1684, Victor-Amédée, duc de Savoie, puis roi de Sicile et de Sardaigne. Elle mourut à Turin le 26 août 1728. Si ces mots « *aujourd'hui régnante* » n'ont point été ajoutés au texte, il faut faire descendre la redaction de cette préface jusques après 1684.

(2) Ces marques n'ont malheureusement pas été conservées à l'impression. Nous en parlons dans la *Notice*.

Le Roi revint : elle quitta Saint-Cloud, et notre ouvrage fut abandonné. L'année suivante, elle fut en Angleterre et, peu de jours après son retour, cette princesse, étant à Saint-Cloud, perdit la vie d'une manière qui fera toujours l'étonnement de ceux qui liront cette Histoire. J'avois l'honneur d'être auprès d'elle lorsque cet accident funeste arriva ; je sentis tout ce que l'on peut sentir de plus douloureux en voyant expirer la plus aimable princesse qui fût jamais, et qui m'avoit honorée de ses bonnes grâces. Cette perte est de celles dont on ne se console jamais, et qui laissent une amertume répandue dans tout le reste de la vie (1).

La mort de cette princesse ne me laissa ni le dessein ni le goût de continuer cette Histoire, et j'écrivis seulement les circonstances de sa mort, dont je fus témoin.

(1) Comparez ce qu'elle écrit à madame de Sévigné le 30 juin 1673 : « Il y a aujourd'hui trois ans que je vis mourir Madame ; je relus hier plusieurs de ses lettres, je suis toute pleine d'elle. »

PREMIÈRE PARTIE

La paix étoit faite entre la France et l'Espagne; le mariage du Roi étoit achevé après beaucoup de difficultés; et le cardinal Mazarin, tout glorieux d'avoir donné la paix à la France, sembloit n'avoir plus qu'à jouir de cette grande fortune où son bonheur l'avoit élevé. Jamais ministre n'avoit gouverné avec une puissance si absolue, et jamais ministre ne s'étoit si bien servi de sa puissance pour l'établissement de sa grandeur.

La Reine mère, pendant sa régence, lui avoit laissé toute l'autorité royale, comme un fardeau trop pesant pour un naturel aussi paresseux que le sien. Le Roi, à sa majorité, lui avoit trouvé cette autorité entre les mains et n'avoit eu ni la force, ni peut-être même l'envie de la lui ôter. On lui représentoit les troubles que la mauvaise conduite de ce Cardinal avoit excités, comme un effet de la haine des princes pour un ministre qui avoit voulu donner des bornes à leur ambition ; on lui faisoit considérer le ministre comme un homme qui seul avoit tenu le timon de l'état pendant l'orage qui l'avoit agité, et dont la bonne conduite en avoit peut-être empêché la perte.

Cette considération, jointe à une soumission sucée avec le lait, rendit le Cardinal plus absolu sur l'esprit du Roi qu'il ne l'avoit été sur celui de la Reine. L'étoile qui lui donnoit un autorité si entière s'étendit même jusqu'à l'amour. Le Roi n'avoit pu porter son cœur hors de la famille de cet heureux ministre : il l'avoit donné, dès sa plus tendre jeunesse, à la troisième de ses nièces, mademoiselle de Mancini (1) ; et,

(1) Olympe Mancini (1640-1708), qu'on vit en faveur auprès du jeune roi, dans l'hiver de 1656. Loret parle, dans la *Muse historique* du 6 fevrier 1657, de

> Cette Olympe au divin esprit
> Et dont, sur le cœur des monarques,
> Le pouvoir peut graver ses marques.

Mais en ce moment ce pouvoir finissait. Elle épousa, le 20 février de la même année, le prince Eugène de Carignan, qui prit le titre de comte de Soissons.

s'il le retira quand il fut dans un âge plus avancé, ce ne fut que pour le donner entièrement à une quatrième nièce qui portoit le même nom de Mancini (1), à laquelle il se soumit si absolument, que l'on peut dire qu'elle fût la maîtresse d'un prince que nous avons vu depuis maître de sa maîtresse et de son amour.

Cette même étoile du Cardinal produisoit seule un effet si extraordinaire. Elle avoit étouffé dans la France tous les restes de cabale et de dissension; la paix générale avoit fini toutes les guerres étrangères ; le Cardinal avoit satisfait en partie aux obligations qu'il avoit à la Reine par le mariage du Roi, qu'elle avoit si ardemment souhaité, et qu'il avoit fait, bien qu'il le crût contraire à ses intérêts (2). Ce mariage lui étoit même favorable, et l'esprit doux et paisible de la Reine ne lui pouvoit laisser lieu de craindre qu'elle entreprît de lui ôter le gouvernement de l'État ; enfin on ne pouvoit ajouter à son bonheur que la durée ; mais ce fut ce qui lui manqua.

La mort interrompit une félicité si parfaite ; et,

(1) Marie Mancini, autre nièce du cardinal (1640-1715), inspira à Louis XIV un sentiment très-vif. Elle épousa, en 1661, le connetable Colonna. (Voir : *Apologie ou Les véritables mémoires*), *Leyde*, 1678).
(2) Le 9 juin 1659.

peu de temps après que l'on fut de retour du voyage où la paix et le mariage s'étoient achevés, il mourut au bois de Vincennes, avec une fermeté beaucoup plus philosophe que chrétienne (1).

Il laissa par sa mort un amas infini de richesses. Il choisit le fils du maréchal de La Meilleraye (2) pour l'héritier de son nom et de ses trésors : il lui fit épouser Hortense (3), la plus belle de ses nièces, et disposa en sa faveur de tous les établissemens qui dépendoient du Roi, de la même manière qu'il disposoit de son propre bien.

Le Roi en agréa néanmoins la disposition aussi bien que celle qu'il fit en mourant de toutes les charges et de tous les bénéfices qui étoient pour lors à donner. Enfin, après sa mort, son ombre étoit encore la maîtresse de toutes choses, et il paroissoit que le Roi ne pensoit à se conduire que par les sentimens qu'il lui avoit inspirés.

Cette mort donnoit de grandes espérances à ceux qui pouvoient prétendre au ministère ; ils croyoient

(1) Le 9 mars 1661. « Il mourut enfin, moins chrétien que philosophe, avec une constance admirable. » (*Mémoires de Choisy*, coll. Petitot, t. LXIII, p. 208.)

(2) Armand-Charles de La Porte, marquis de La Meilleraye, né en 1632, mort en 1712.

(3) Sœur puînée de Marie. Le mariage eut lieu le 28 février 1661.

avec apparence qu'un roi qui venoit de se laisser gouverner entièrement, tant pour les choses qui regardoient son État que pour celles qui regardoient sa personne, s'abandonneroit à la conduite d'un ministre qui ne voudroit se mêler que des affaires publiques et qui ne prendroit point connoissance de ses actions particulières.

Il ne pouvoit tomber dans leur imagination qu'un homme pût être si dissemblable de lui-même, et, qu'ayant toujours laissé l'autorité de Roi entre les mains de son premier ministre, il voulût reprendre à la fois et l'autorité du Roi et les fonctions de premier ministre.

Ainsi beaucoup de gens espéroient quelque part aux affaires; et beaucoup de dames, par des raisons à peu près semblables, espéroient beaucoup de part aux bonnes grâces du Roi. Elles avoient vu qu'il avoit passionnément aimé mademoiselle Mancini et qu'elle avoit paru avoir sur lui le plus absolu pouvoir qu'une maîtresse ait jamais eu sur le cœur d'un amant ; elles espéroient qu'ayant plus de charmes elles auroient pour le moins autant de crédit ; et il y en avoit déjà beaucoup qui prenoient pour modèle de leur fortune celui de la duchesse de Beaufort (1).

(1) Gabrielle d'Estrées, dame de Liancourt-Damerval, puis marquise de Monceaux et duchesse de Beaufort, maîtresse de Henri IV.

Mais, pour faire mieux comprendre l'état de la Cour après la mort du cardinal Mazarin, et la suite des choses dont nous avons à parler, il faut dépeindre en peu de mots les personnes de la maison royale, les ministres qui pouvoient prétendre au gouvernement de l'État et les dames qui pouvoient aspirer aux bonnes grâces du Roi (1).

La Reine mère, par son rang, tenoit la première place dans la maison royale, et, selon les apparences, elle devoit la tenir par son crédit ; mais le même naturel qui lui avoit rendu l'autorité royale un pesant fardeau pendant qu'elle étoit tout entière entre ses mains, l'empêchoit de songer à en reprendre une partie lorsqu'elle n'y étoit plus. Son esprit avoit paru inquiet et porté aux affaires pendant la vie du Roi son mari ; mais dès qu'elle avoit été maîtresse et

(1) Le texte de 1720 porte, ici, en titre : « Portrait de la Reine mère, Anne d'Autriche » et, plus loin, aux endroits que nous indiquerons, des titres analogues qui sont evidemment une interpolation de l'editeur et qui presentent l'inconvénient d'interrompre la suite du récit. C'est pourquoi nous ne les avons pas conserves. Ces titres ont eté mis avec si peu de discretion qu'il s'en trouve un pour madame de Thianges que l'auteur ne fait que nommer. On n'a qu'à se reporter à la page 29 de notre édition pour se convaincre que ces titres n'entraient pas dans les intentions de madame de La Fayette, puisque la phrase qui commence par ces mots « Il y avoit encore » et la suivante ne souffrent pas qu'on les separe, le mot *ceux* qui est dans la seconde se rapportant au mot *yeux* qui est dans la première.

d'elle-même et du royaume, elle n'avoit pensé qu'à mener une vie douce, à s'occuper à ses exercices de dévotion, et avoit témoigné une assez grande indifférence pour toutes choses. Elle étoit sensible néanmoins à l'amitié de ses enfans ; elle les avoit élevés auprès d'elle avec une tendresse qui lui donnoit quelque jalousie des personnes avec lesquelles ils cherchoient leur plaisir. Ainsi elle étoit contente, pourvu qu'ils eussent l'attention de la voir, et elle étoit incapable de se donner la peine de prendre sur eux une véritable autorité (1).

La jeune Reine (2) étoit une personne de vingt-deux ans, bien faite de sa personne, et qu'on pouvoit appeler belle, quoiqu'elle ne fût pas agréable. Le peu de séjour qu'elle avoit fait en France et les impressions qu'on en avoit données avant qu'elle y arrivât étoient cause qu'on ne la connoissoit quasi pas, ou que du moins on croyoit ne la pas connoître, en la trouvant d'un esprit fort éloigné de ces desseins ambitieux dont on avoit tant parlé. On la voyoit tout occupée d'une violente passion pour le Roi, attachée dans tout le reste de ses actions à la Reine sa belle-

(1) Dans le texte de 1720, en titre : « Portrait de madame Thérèse d'Autriche. » Il faut lire « Marie-Thérese. »
(2) Nee en 1628.

mère, sans distinction de personnes ni de divertissemens, et sujette à beaucoup de chagrin, à cause de l'extrême jalousie qu'elle avoit du Roi (1).

Monsieur (2), frère unique du Roi, n'étoit pas moins attaché à la Reine, sa mère. Ses inclinations étoient aussi conformes aux occupations des femmes que celles du Roi en étoient éloignées. Il étoit beau, bien fait, mais d'une beauté et d'une taille plus convenables à une princesse qu'à un prince; aussi avoit-il plus songé à faire admirer sa beauté de tout le monde, qu'à s'en servir pour se faire aimer des femmes, quoiqu'il fût continuellement avec elles. Son amour-propre sembloit ne le rendre capable que d'attachement pour lui-même (3).

Madame de Thianges (4), fille aînée du duc de Mortemart, avoit paru lui plaire plus que les autres; mais leur commerce étoit plutôt une confidence libertine qu'une véritable galanterie. L'esprit du prince étoit naturellement doux, bienfaisant et civil, capable

(1) Dans le texte de 1720, en titre. « Portrait de Philippe de France, duc d'Orleans. »

(2) Philippe, duc d'Orleans, né en 1640.

(3) Dans le texte de 1720, en titre : « Portrait de madame de Thianges. »

(4) Gabrielle, fille de Gabriel, duc de Rochechouart-Mortemart, et sœur aînee de madame de Montespan, mariee, en 1655, à Claude-Léonor de Damas, marquis de Thianges.

d'être prévenu, et si susceptible d'impressions, que les personnes qui l'approchoient pouvoient quasi répondre de s'en rendre maîtres, en le prenant par son foible. La jalousie dominoit en lui ; mais cette jalousie le faisoit plus souffrir que personne, la douceur de son humeur le rendant incapable des actions violentes que la grandeur de son rang auroit pu lui permettre.

Il est aisé de juger, par ce que nous venons de dire, qu'il n'avoit nulle part aux affaires, puisque sa jeunesse, ses inclinations et la domination absolue du Cardinal étoient autant d'obstacles qui l'en éloignoient (1).

Il semble qu'en voulant décrire la maison royale je devois commencer par celui qui en est le chef ; mais on ne sauroit le dépeindre que par ses actions ; et celles que nous avons vues jusqu'au temps dont nous venons de parler étoient si éloignées de celles que nous avons vues depuis, qu'elles ne pourroient guère servir à le faire connoître. On en pourra juger par ce que nous avons à dire ; on le trouvera sans doute un des plus grands rois qui aient jamais été, un des plus honnêtes hommes de son royaume, et l'on pourroit dire le plus parfait, s'il n'étoit point si avare de l'es-

(1) Dans le texte de 1720, en titre : « Portrait de Louis XIV encore jeune ».

prit que le Ciel lui a donné, et qu'il voulût le laisser paroître tout entier, sans le renfermer si fort dans la majesté de son rang.

Voilà quelles étoient les personnes qui composoient la maison royale. Pour le ministère, il étoit douteux entre M. Foucquet (1), surintendant des finances, M. Le Tellier, secrétaire d'Etat (2), et M. Colbert (3). Ce troisième avoit eu, dans les derniers temps, toute la confiance du cardinal Mazarin; on savoit que le Roi n'agissoit encore que selon les sentimens et les mémoires de ce ministre, mais l'on ne savoit pas précisément quels étoient les sentimens et les mémoires qu'il avoit donnés à Sa Majesté. On ne doutoit pas qu'il n'eût ruiné la Reine mère dans l'esprit du Roi, aussi bien que beaucoup d'autres personnes; mais on ignoroit celles qu'il y avoit établies (4).

M. Foucquet, peu de temps avant la mort du Cardinal, avoit été quasi perdu auprès de lui pour s'être brouillé avec M. Colbert. Ce surintendant étoit un

(1) Nicolas Foucquet, surintendant des finances, né à Paris en 1615, mort détenu à Pignerol en 1680.

(2) Michel Le Tellier, secrétaire d'État, puis chancelier de France, père de Louvois, né en 1603, mort en 1685.

(3) Jean-Baptiste Colbert, marquis de Seignelay, ministre et secrétaire d'État, né à Reims le 29 août 1619, mort le 6 septembre 1683.

(4) Dans le texte de 1720, en titre: « Portait de M. Foucquet. »

homme d'une étendue d'esprit et d'une ambition sans bornes, civil, obligeant pour tous les gens de qualité, et qui se servoit des finances pour les acquérir et pour les embarquer dans ses intrigues, dont les desseins étoient infinis pour les affaires aussi bien que pour la galanterie (1).

M. Le Tellier paroissoit plus sage et plus modéré, attaché à ses seuls intérêts et à des intérêts solides, sans être capable de s'éblouir du faste et de l'éclat comme M. Foucquet (2).

M. Colbert étoit peu connu par diverses raisons, et l'on savoit seulement qu'il avoit gagné la confiance du Cardinal par son habileté et son économie.

Le Roi n'appeloit au conseil que ces trois personnes ; et l'on attendoit à voir qui l'emporteroit sur les autres, sachant bien qu'ils n'étoient pas unis et que, quand ils l'auroient été, il étoit impossible qu'ils le demeurassent.

Il nous reste à parler des dames qui étoient alors le plus avant à la Cour et qui pouvoient aspirer aux bonnes grâces du Roi (3).

(1) Dans le texte de 1720, en titre : « Portrait de M. Le Tellier. »

(2) Dans le texte de 1720, en titre « Portrait de M. Colbert. »

(3) Dans le texte de 1720, en titre . « Portrait de la comtesse de Soissons. »

La comtesse de Soissons (1) auroit pu y prétendre par la grande habitude qu'elle avoit conservée avec lui, et pour avoir été sa première inclination. C'étoit une personne qu'on ne pouvoit pas appeler belle et qui néanmoins étoit capable de plaire (2). Son esprit n'avoit rien d'extraordinaire, ni de fort poli ; mais il étoit naturel et agréable avec les personnes qu'elle connoissoit. La grande fortune de son oncle l'autorisoit à n'avoir pas besoin de se contraindre. Cette liberté qu'elle avoit prise, jointe à un esprit vif et à un naturel ardent, l'avoit rendue si attachée à ses propres volontés, qu'elle étoit incapable de s'assujettir qu'à ce qui lui étoit agréable. Elle avoit naturellement de l'ambition, et, dans le temps où le Roi l'avoit aimée, le trône ne lui avoit point paru trop au-dessus d'elle pour n'oser y aspirer. Son oncle, qui l'aimoit fort, n'avoit pas été éloigné du dessein de l'y faire monter; mais tous les faiseurs d'horoscope l'avoient tellement assuré qu'elle ne pourroit y parvenir, qu'il en avoit perdu la pensée et l'avoit mariée au comte de Soissons. Elle avoit pourtant toujours conservé quelque crédit

(1) Olympe Mancini. Voir la note de la page 10.

(2) « Elle étoit brune ; elle avoit le visage long et le menton pointu. Ses yeux étoient petits, mais vifs, et on pouvoit espérer que l'âge de quinze ans leur donneroit quelque agrement » (*Mémoires de madame de Motteville.*)

auprès du Roi et une certaine liberté de lui parler plus hardiment que les autres ; ce qui faisoit soupçonner assez souvent que, dans certains momens, la galanterie trouvoit encore place dans leur conversation.

Cependant il paroissoit impossible que le Roi lui redonnât son cœur. Ce prince étoit plus sensible en quelque manière à l'attachement qu'on avoit pour lui, qu'à l'agrément et au mérite des personnes. Il avoit aimé la comtesse de Soissons avant qu'elle fût mariée; il avoit cessé de l'aimer, par l'opinion qu'il avoit que Villequier (1) ne lui étoit pas désagréable. Peut-être l'avoit-il cru sans fondement ; et il y a même assez d'apparence qu'il se trompoit, puisque, étant si peu capable de se contraindre, si elle l'eût aimé elle l'eût bientôt fait paroître. Mais enfin, puisqu'il l'avoit quittée sur le simple soupçon qu'un autre en étoit aimé, il n'avoit garde de retourner à elle, lorsqu'il croyoit avoir une certitude entière qu'elle aimoit le marquis de Vardes (2).

(1) Louis-Marie, marquis de Villequier, duc d'Aumont, né en 1632, mort en 1704.

(2) François-René Crespin du Bec, marquis de Vardes, comte de Moret, gouverneur d'Aigues-Mortes, capitaine des Cent-suisses, mort le 3 septembre 1688. — Dans le texte de 1720, en titre « Portrait de la connetable Colonne. »

Mademoiselle de Mancini étoit encore à la Cour quand son oncle mourut. Pendant sa vie, il avoit conclu son mariage avec le connétable Colonne (1), et l'on n'attendoit plus que celui qui devoit l'épouser au nom de ce connétable, pour la faire partir de France. Il étoit difficile de démêler quels étoient ses sentimens pour le Roi, et quels sentimens le Roi avoit pour elle. Il l'avoit passionnément aimée, comme nous avons déjà dit; et, pour faire comprendre jusqu'où cette passion l'avoit mené, nous dirons en peu de mots ce qui s'étoit passé à la mort du Cardinal.

Cet attachement avoit commencé pendant le voyage de Calais (2), et la reconnoissance l'avoit fait naître plutôt que la beauté : mademoiselle de Mancini n'en avoit aucune; il n'y avoit nul charme dans sa personne, et très-peu dans son esprit, quoiqu'elle en eût infiniment. Elle l'avoit hardi, résolu, emporté, libertin, et éloigné de toute sorte de civilité et de politesse.

Pendant une dangereuse maladie que le Roi avoit eue à Calais (3), elle avoit témoigné une affliction si violente de son mal, et l'avoit si peu cachée, que, lorsqu'il commença à se mieux porter, tout le monde lui

(1) Voir la note 1 de la page 11.

(2) En 1658.

(3) Pendant la campagne de 1658, il fut atteint de la petite-vérole.

parla de la douleur de mademoiselle de Mancini ; peut-être dans la suite lui en parla-t-elle elle-même. Enfin elle lui fit paroître tant de passion et rompit si entièrement toutes les contraintes où la Reine mère et le Cardinal la tenoient, que l'on peut dire qu'elle contraignit le Roi à l'aimer.

Le Cardinal ne s'opposa pas d'abord à cette passion; il crut qu'elle ne pouvoit être que conforme à ses intérêts ; mais, comme il vit dans la suite que sa nièce ne lui rendoit aucun compte de ses conversations avec le Roi et qu'elle prenoit sur son esprit tout le crédit qui lui étoit possible, il commença à craindre qu'elle n'y en prît trop,et voulut apporter quelque diminution à cet attachement. Il vit bientôt qu'il s'en étoit avisé trop tard ; le Roi étoit entièrement abandonné à sa passion, et l'opposition qu'il fit paroître ne servit qu'à aigrir contre lui l'esprit de sa nièce et à la porter à lui rendre toutes sortes de mauvais services.

Elle n'en rendit pas moins à la Reine dans l'esprit du Roi, soit en lui décriant sa conduite pendant la régence, ou en lui apprenant tout ce que la médisance avoit inventé contre elle. Enfin elle éloignoit si bien de l'esprit du Roi tous ceux qui pouvoient lui nuire, et s'en rendit maîtresse si absolue, que, pendant le temps que l'on commençoit à traiter la paix et le mariage, il demanda au Cardinal la permission de l'épouser, et témoigna ensuite, par toutes ses actions, qu'il le souhaitoit.

Le Cardinal, qui savoit que la Reine ne pourroit entendre sans horreur la proposition de ce mariage, et que l'exécution en eût été très-hasardeuse pour lui, se voulut faire un mérite envers la Reine et envers l'État d'une chose qu'il croyoit contraire à ses propres intérêts.

Il déclara au Roi qu'il ne consentiroit jamais à lus laisser faire une alliance si disproportionnée, et que, s'il la faisoit de son autorité absolue, il lui demanderoit à l'heure même la permission de se retirer hors de France.

La résistance du Cardinal étonna le Roi et lui fit peut-être faire des réflexions qui ralentirent la violence de son amour. L'on continua de traiter la paix et le mariage ; et le Cardinal, avant de partir pour aller régler les articles de l'un et de l'autre (1), ne voulut pas laisser sa nièce à la Cour : il résolut de l'envoyer à Brouage (2). Le Roi en fut aussi affligé que le peut être un amant à qui l'on ôte sa maîtresse ; mais ma-

(1) Juin 1659.
(2) Petite ville et port de mer de la Basse-Saintonge (Charente-Inferieure).

demoiselle de Mancini, qui ne se contentoit pas des mouvemens de son cœur, et qui auroit voulu qu'il eût témoigné son amour par des actions d'autorité, lui reprocha, en lui voyant répandre des larmes lorsqu'elle monta en carrosse, « qu'il pleuroit et qu'il étoit le maître (1) ». Ces reproches ne l'obligèrent pas à le vouloir être ; il la laissa partir, quelque affligé qu'il fût, lui promettant néanmoins qu'il ne consentiroit jamais au mariage d'Espagne et qu'il n'abandonneroit pas le dessein de l'épouser.

Toute la cour partit quelque temps après pour aller

(1) Cette réponse de Mademoiselle Mancini à Louis XIV a été mise par Racine dans la bouche de Berenice (1670).

Vous êtes empereur, seigneur, et vous pleurez !
(*Bérénice*, acte IV, scène v)

Comparez aussi la petite pièce suivante :

PREUVES D'AMOUR.

Alcandre étoit aux pieds d'Aminte,
Le cœur gros de soupirs, la langueur dans les yeux ;
Et mille serments amoureux
Accompagnoient sa triste plainte.
Elle, ne se payant de pleurs ni de sanglots,
Bannissant alors toute crainte,
Lui repondit en peu de mots :
« Je crois que mon depart vous touche,
Qu'il vous accable de douleur
Et que vous avez dans le cœur
Ce que vous avez dans la bouche ;
Je croy tous vos sermens et tout ce que je voi ;
Mais enfin je pars, Sire, et vous êtes le roi.

(*Sentimens d'amour tirés des meilleurs poetes modernes*, par le sieur de Corbinelli. *Paris*, 1665, t. II, p. 194.)

à Bordeaux, afin d'être plus près du lieu où l'on traitoit la paix.

Le Roi vit mademoiselle de Mancini à Saint-Jean-d'Angely ; il en parut plus amoureux que jamais dans le peu de momens qu'il eut à être avec elle et lui promit toujours la même fidélité. Le temps, l'absence et la raison le firent enfin manquer à sa promesse ; et, quand le traité fut achevé, il l'alla signer à l'île de la Conférence (1), et prendre l'infante d'Espagne des mains du Roi son père, pour la faire reine de France dès le lendemain.

La Cour revint ensuite à Paris. Le Cardinal, qui ne craignoit plus rien, y fit aussi revenir ses nièces.

Mademoiselle de Mancini étoit outrée de rage et de désespoir ; elle trouvoit qu'elle avoit perdu en même temps un amant fort aimable et la plus belle couronne de l'univers. Un esprit plus modéré que le sien auroit eu de la peine à ne pas s'emporter dans une semblable occasion ; aussi s'étoit-elle abandonnée à la rage et à la colère.

Le Roi n'avoit plus la même passion pour elle ; la possession d'une princesse belle et jeune comme la Reine sa femme l'occupoit agréablement. Néanmoins, comme l'attachement d'une femme est rarement un

(1) Le 6 juin 1660.

obstacle à l'amour qu'on a pour une maîtresse, le Roi seroit peut-être revenu à mademoiselle de Mancini, s'il n'eût connu qu'entre tous les partis qui se présentoient alors pour l'épouser, elle souhaitoit ardemment le duc Charles (1), neveu du duc de Lorraine (2), et s'il n'avoit été persuadé que ce prince avoit su toucher son cœur.

Le mariage ne s'en put faire par plusieurs raisons ; le Cardinal conclut celui du connétable Colonne, et mourut, comme nous avons dit, avant qu'il fût achevé.

Mademoiselle de Mancini avoit une si horrible répugnance pour ce mariage, que, voulant l'éviter, si elle eût vu quelque apparence de regagner le cœur du Roi, malgré tout son dépit, elle y auroit travaillé de toute sa puissance.

Le public ignoroit le secret dépit qu'avoit eu le Roi du penchant qu'elle avoit témoigné pour le mariage du neveu du duc de Lorraine ; et, comme on le

(1) Charles de Lorraine, fils du duc Nicolas-François (1643-1690).

(2) Charles IV, comte de Vaudemont, duc de Lorraine (1604-1675).

« Quant aux assiduités que M. de Lorraine et le prince Charles, son neveu, avoient pour mademoiselle Mancini, M. le Cardinal les desapprouva, et leur fit dire qu'il les remercioit, qu'il avoit pris d'autres mesures ; de sorte que le prince Charles n'eut plus d'entrées chez mademoiselle de Mancini. » (*Mémoires de mademoiselle de Montpensier*, collect. Petitot, t. XLII, p. 533).

voyoit souvent aller au palais Mazarin, où elle logeoit avec madame Mazarin, sa sœur (1), on ne savoit si le Roi y étoit conduit par les restes de son ancienne flamme, ou par les étincelles d'une nouvelle, que les yeux de madame Mazarin étoient bien capables d'allumer (2).

C'étoit, comme nous avons dit, non-seulement la plus belle des nièces du Cardinal, mais aussi une des plus parfaites beautés de la Cour. Il ne lui manquoit que de l'esprit pour être accomplie, et pour lui donner la vivacité qu'elle n'avoit pas ; ce défaut même n'en étoit pas un pour tout le monde, et beaucoup de gens trouvoient son air languissant et sa négligence capables de se faire aimer.

Ainsi les opinions se portoient aisément à croire que le Roi lui en vouloit, et que l'ascendant du Cardinal garderoit encore son cœur dans sa famille. Il est vrai que cette opinion n'étoit pas sans fondement ; l'habitude que le Roi avoit prise avec les nièces du Cardinal lui donnoit plus de dispositions à leur parler qu'à toutes les autres femmes; et la beauté de madame Mazarin, jointe à l'avantage que donne un mari qui

(1) Hortense Mancini, voir notes 2 et 3 de la page 12.
(2) Dans le texte de 1720, en titre : « Portrait de madame Mazarin. »

n'est guère aimable à un Roi qui l'est beaucoup, l'eût aisément portée à l'aimer, si M. de Mazarin n'avoit eu ce même soin, que nous lui avons vu depuis, d'éloigner sa femme des lieux où étoit le Roi.

Il y avoit encore à la Cour un grand nombre de belles dames sur qui le Roi auroit pu jeter les yeux (1).

Madame d'Armagnac (2), fille du maréchal de Villeroy, étoit d'une beauté à attirer ceux de tout le monde. Pendant qu'elle étoit fille, elle avoit donné beaucoup d'espérance à tous ceux qui l'avoient aimée qu'elle souffriroit aisément de l'être lorsque le mariage l'auroit mise dans une condition plus libre. Cependant sitôt qu'elle eut épousé M. d'Armagnac, soit qu'elle eût de la passion pour lui, ou que l'âge l'eût rendue plus circonspecte, elle s'étoit entièrement retirée dans sa famille.

La seconde fille du duc de Mortemart, qu'on appeloit mademoiselle de Tonnay-Charente (4), étoit en-

(1) Le texte de 1720 porte en titre : « Portrait de madame d'Armagnac et de mademoiselle de Tonnay-Charente. »

(2) Catherine de Neufville de Villeroi, femme (en 1660) de Louis de Lorraine, comte d'Armagnac, grand écuyer de France. Elle mourut en 1707, âgée de soixante dix-huit ans.

(4) Françoise-Athenaïs de Rochechouart, née en 1641, au château de Tonnay-Charente (Saintonge), mariée en 1663 au marquis de Montespan, morte le 28 mai 1707.

core une beauté très achevée, quoiqu'elle ne fût pas parfaitement agréable. Elle avoit beaucoup d'esprit, et une sorte d'esprit plaisant et naturel, comme tous ceux de sa maison.

Le reste des belles personnes qui étoient à la Cour ont trop peu de part à ce que nous avons à dire pour m'obliger d'en parler; et nous ferons seulement mention de celles qui s'y trouveront mêlées, selon que la suite nous y engagera.

DEUXIÈME PARTIE

La Cour étoit revenue à Paris aussitôt après la mort du Cardinal. Le Roi s'appliquoit à prendre une connoissance exacte des affaires : il donnoit à cette occupation la plus grande partie de son temps et partageoit le reste avec la Reine sa femme.

Celui qui devoit épouser mademoiselle de Mancini au nom du connétable Colonne arriva à Paris, et elle eut la douleur de se voir chassée de France par le Roi ; ce fut, à la vérité, avec tous les honneurs imaginables. Le Roi la traita dans son mariage et dans tout le reste comme si son oncle eût encore vécu ;

mais enfin on la maria, et on la fit partir avec assez de précipitation (1).

Elle soutint sa douleur avec beaucoup de constance et même avec assez de fierté ; mais, au premier lieu où elle coucha en sortant de Paris, elle se trouva si pressée de sa douleur et si accablée de l'extrême violence qu'elle s'étoit faite, qu'elle pensa y demeurer. Enfin elle continua son chemin, et s'en alla en Italie, avec la consolation de n'être plus sujette d'un Roi dont elle avoit cru devoir être la femme.

La première chose considérable qui se fit après la mort du Cardinal, ce fut le mariage de Monsieur avec la princesse d'Angleterre (2). Il avoit été résolu par le Cardinal et, quoique cette alliance semblât contraire à toutes les règles de la politique, il avoit cru qu'on devoit être si assuré de la douceur du naturel de Monsieur et de son attachement pour le Roi, qu'on ne devoit point craindre de lui donner un roi d'Angleterre pour beau-frère.

L'histoire de notre siècle est remplie des grandes révolutions de ce royaume, et le malheur qui fit perdre la vie au meilleur Roi du monde sur un échafaud (3),

(1) Mariée le 11 avril 1661, elle partit le 13 du même mois.
(2) Le 31 mars 1661.
(3) Charles Ier, roi d'Angleterre, décapité le 9 février 1649.

par les mains de ses sujets, et qui contraignit la Reine sa femme à venir chercher un asile dans le royaume de ses pères, est un exemple de l'inconstance de la fortune qui est su de toute la terre (1).

Le changement funeste de cette maison royale fut favorable en quelque chose à la princesse d'Angleterre (2). Elle étoit encore entre les bras de sa nourrice et fut la seule de tous les enfants de la Reine sa mère (3) qui se trouva auprès d'elle pendant sa disgrâce. Cette Reine s'appliquoit tout entière au soin de son éducation, et le malheur de ses affaires la faisant plutôt vivre en personne privée qu'en souveraine, cette jeune princesse prit toutes les lumières, toute la civilité et toute l'humanité des conditions ordinaires, et conserva dans son cœur et dans sa personne toutes les grandeurs de sa naissance royale.

Aussitôt que cette princesse commença à sortir de l'enfance, on lui trouva un agrément extraordinaire. La Reine mère témoigna beaucoup d'inclination pour

(1) Dans le texte de 1720, en titre : « Portrait de Madame. »

(2) Henriette-Anne d'Angleterre, duchesse d'Orléans, née à Exeter le 16 juin 1644, morte à Saint-Cloud le 29 juin 1670, fille de Charles Ier et de Henriette de France. C'est l'héroïne de cette histoire.

(3) Henriette-Marie de France, troisième fille de Henri IV et de Marie de Médicis, née le 15 novembre 1609, elle épousa, en mai 1625, Charles Ier qui venait de succéder à Jacques Ier sur le trône d'Angleterre. Elle mourut à Colombes (Seine) le 10 septembre 1669.

elle ; et, comme il n'y avoit nulle apparence que le Roi pût épouser l'Infante, sa nièce, elle parut souhaiter qu'il épousât cette princesse. Le Roi, au contraire, témoigna de l'aversion pour ce mariage et même pour sa personne : il la trouvoit trop jeune pour lui et il avouoit enfin qu'elle ne lui plaisoit pas, quoiqu'il n'en pût dire la raison. Aussi eût-il été difficile d'en trouver ; c'étoit principalement ce que la princesse d'Angleterre possédoit au souverain degré, que le don de plaire et ce qu'on appelle grâces ; les charmes étoient répandus en toute sa personne, dans ses actions et dans son esprit ; et jamais princesse n'a été si également capable de se faire aimer des hommes et adorer des femmes (1).

En croissant, sa beauté augmenta aussi ; en sorte que, quand le mariage du Roi fut achevé, celui de Monsieur et d'elle fut résolu. Il n'y avoit rien à la Cour qu'on pût lui comparer.

En ce même temps, le Roi son frère (2) fut rétabli sur le trône par une révolution presque aussi prompte que celle qui l'en avoit chassé. Sa mère voulut aller jouir du plaisir de le voir paisible possesseur de son

(1) La Fare dit qu'elle avait tout l'agrément possible, « bien qu'un peu bossue ». (Voir notre *Introduction*)

(2) Charles II, rétabli sur le trône d'Angleterre en 1660.

royaume; et, avant que d'achever le mariage de la princesse sa fille, elle la mena avec elle en Angleterre. Ce fut dans ce voyage que la princesse commença à reconnoître la puissance de ses charmes. Le duc de Buckingham, fils de celui qui fut décapité (1), jeune et bien fait, étoit alors fortement attaché à la princesse royale sa sœur (2), qui étoit à Londres. Quelque grand que fût cet attachement, il ne put tenir contre la princesse d'Angleterre, et ce duc devint si passionnément amoureux d'elle, qu'on peut dire qu'il en perdit la raison.

La reine d'Angleterre étoit tous les jours pressée par les lettres de Monsieur de s'en retourner en France pour achever son mariage, qu'il témoignoit souhaiter avec impatience. Ainsi elle fut obligée de partir, quoique la saison fût fort rude et fort fâcheuse.

Le Roi son fils l'accompagna jusqu'à une journée de Londres. Le duc de Buckingham la suivit, comme tout

(1) George Villiers, duc de Buckingham, fils de George, né en 1627, ambassadeur et ministre en 1671, auteur de comédies, mort en 1688. Son père fut, non pas décapité, mais assassiné à Portsmouth par John Felton, le 23 août 1628. Les deux membres de cette famille qui eurent le sort que madame de La Fayette attribue au favori de Charles Ier sont Henri, duc de Buckingham, qui eut la tête tranchée sous Richard III, en 1483, et Edmond, fils de Henri qui mourut par le même supplice, sous Henri VII, en 1521.

(2) Henriette-Marie, fille de Charles Ier, veuve, en 1650, de Guillaume de Nassau, prince d'Orange.

le reste de la Cour ; mais, au lieu de s'en retourner de même, il ne put se résoudre à abandonner la princesse d'Angleterre et demanda au Roi la permission de passer en France ; de sorte que, sans équipage et sans toutes les choses nécessaires pour un pareil voyage, il s'embarqua à Portsmouth avec la Reine.

Le vent fut favorable le premier jour ; mais, le lendemain, il fut si contraire que le vaisseau de la Reine se trouva ensablé et en grand danger de périr. L'épouvante fut grande dans tout le navire et le duc de Buckingham, qui craignoit pour plus d'une vie, parut dans un désespoir inconcevable.

Enfin on tira le vaisseau du péril où il étoit ; mais il fallut relâcher au port.

Madame la princesse d'Angleterre fut attaquée d'une fièvre très-violente. Elle eut pourtant le courage de vouloir se rembarquer dès que le vent fut favorable ; mais, sitôt qu'elle fut dans le vaisseau, la rougeole sortit : de sorte qu'on ne put abandonner la terre et qu'on ne put aussi songer à débarquer, de peur de hasarder sa vie par cette agitation.

Sa maladie fut très-dangereuse. Le duc de Buckingham parut comme un fou et un désespéré dans les momens où il la crut en péril. Enfin, lorsqu'elle se porta assez bien pour souffrir la mer et pour aborder au Havre, il eut des jalousies si extravagantes des soins que l'amiral d'Angleterre prenoit pour cette princesse, qu'il le querella sans aucune sorte de raison ; et la Reine, craignant qu'il n'en arrivât du désordre, ordonna au duc de Buckingham de s'en aller à Paris, pendant qu'elle séjourneroit quelque temps au Havre, pour laisser reprendre des forces à la princesse sa fille.

Lorsqu'elle fut entièrement rétablie, elle revint à Paris. Monsieur alla au devant d'elle avec tous les empressemens imaginables et continua jusqu'à son mariage à lui rendre des devoirs auxquels il ne manquoit que l'amour ; mais le miracle d'enflammer le cœur de ce prince n'étoit réservé à aucune femme du monde (1).

Le comte de Guiche (2) étoit en ce temps-là son favori. C'étoit le jeune homme de la Cour le plus beau et le mieux fait, aimable de sa personne, galant, hardi, brave, rempli de grandeur et d'élévation. La vanité, que tant de bonnes qualités lui donnoient, et un air méprisant répandu dans toutes ses actions ternissoient

(1) Dans le texte de 1720, en titre : « Portrait du comte de Guiche. »

(2) Voir la note 3 de la page 6. Ajoutons que madame de Sevigne, plus detachée, trouvait au comte de Guiche un air précieux, un langage obscur, beaucoup d'affectation.

un peu tout ce mérite ; mais il faut pourtant avouer qu'aucun homme de la Cour n'en avoit autant que lui. Monsieur l'avoit fort aimé dès l'enfance et avoit toujours conservé avec lui un grand commerce, et aussi étroit qu'il y en peut avoir entre de jeunes gens.

Le comte étoit alors amoureux de madame de Chalais (1), fille du duc de Noirmoutiers. Elle étoit très-aimable sans être fort belle; il la cherchoit partout, il la suivoit en tous lieux ; enfin c'étoit une passion si publique et si déclarée, qu'on doutoit qu'elle fût approuvée de celle qui la causoit, et l'on s'imaginoit que, s'il y avoit eu quelque intelligence entre eux, elle lui auroit fait prendre des chemins plus cachés. Cependant il est certain que, s'il n'en étoit pas tout-à-fait aimé, il n'en étoit pas haï, et qu'elle voyoit son amour sans colère. Le duc de Buckingham fut le premier qui se douta qu'elle n'avoit pas assez de charmes pour retenir un homme qui seroit tous les jours exposé à ceux de madame la princesse d'Angleterre. Un soir qu'il étoit venu chez elle, madame de Chalais y vint aussi. La Princesse lui dit en anglois que c'étoit la maîtresse du comte de Guiche et lui demanda s'il ne

(1) Anne-Marie de La Tremoille, née vers 1641, mariée en 1659 à Adrien-Blaise de Talleyrand, prince de Chalais, plus tard princesse des Ursins. (Degli Orsini), par son second mariage avec Flavio Orsini, duc de Bracciano (1675), morte le 5 décembre 1722.

la trouvoit pas fort aimable. « Non, lui répondit-il ; je ne trouve pas qu'elle le soit assez pour lui, qui me paroît, malgré que j'en aie, le plus honnête homme de toute la Cour ; et je souhaite, Madame, que tout le monde ne soit pas de mon avis. » La Princesse ne fit pas réflexion à ce discours et le regarda comme un effet de la passion de ce duc, dont il lui donnoit tous les jours quelque preuve, et qu'il ne laissoit que trop voir à tout le monde.

Monsieur s'en aperçut bientôt, et ce fut en cette occasion que madame la princesse d'Angleterre découvrit pour la première fois cette jalousie naturelle, dont il lui donna depuis tant de marques. Elle vit donc son chagrin ; et, comme elle ne se soucioit pas du duc de Buckingham, qui, quoique fort aimable, a eu souvent le malheur de n'être pas aimé, elle en parla à la Reine sa mère, qui prit soin de remettre l'esprit de Monsieur et de lui faire concevoir que la passion du duc étoit regardée comme une chose ridicule.

Cela ne déplut point à Monsieur, mais il n'en fut pas entièrement satisfait ; il s'en ouvrit à la Reine sa mère, qui eut de l'indulgence pour la passion du duc, en faveur de celle que son père lui avoit autrefois témoignée. Elle ne voulut pas qu'on fît de bruit ; mais elle fut d'avis qu'on lui fît entendre, lorsqu'il auroit fait encore quelque séjour en France, que son retour étoit nécessaire en Angleterre, ce qui fut exécuté dans la suite.

Enfin le mariage de Monsieur s'acheva et fut fait en carême, sans cérémonie, dans la chapelle du palais. Toute la Cour rendit ses devoirs à madame la princesse d'Angleterre, que nous appellerons dorénavant Madame.

Il n'y eut personne qui ne fût surpris de son agrément, de sa civilité et de son esprit. Comme la Reine sa mère la tenoit fort près de sa personne, on ne la voyoit jamais que chez elle, où elle ne parloit quasi point. Ce fut une nouvelle découverte de lui trouver l'esprit aussi aimable que tout le reste. On ne parloit que d'elle, et tout le monde s'empressoit à lui donner des louanges.

Quelque temps après son mariage, elle vint loger chez Monsieur aux Tuileries ; le Roi et la Reine allèrent à Fontainebleau ; Monsieur et Madame demeurèrent encore quelque temps à Paris. Ce fut alors que toute la France se trouva chez elle ; tous les hommes ne pensoient qu'à lui faire leur cour, et toutes les femmes qu'à lui plaire.

Madame de Valentinois (1), sœur du comte de

(1) Catherine-Charlotte de Gramont, mariée en 1660 à Louis

Guiche, que Monsieur aimoit fort à cause de son frère et à cause d'elle-même (car il avoit pour elle toute l'inclination dont il étoit capable), fut une de celles qu'elle choisit pour être dans ses plaisirs ; mesdames de Crequy (1) et de Châtillon (2) et mademoiselle de Tonnay-Charente avoient l'honneur de la voir souvent, aussi bien que d'autres personnes à qui elle avoit témoigné de la bonté avant qu'elle fût mariée.

Mademoiselle de La Trémoille (3) et madame de La Fayette (4) étoient de ce nombre. La première lui plaisoit par sa bonté et par une certaine ingénuité à conter tout ce qu'elle avoit dans le cœur, qui ressentoit la simplicité des premiers siècles ; l'autre lui avoit été agréable par son bonheur; car, bien qu'on lui trouvât du mérite, c'étoit une sorte de mérite si sérieux en apparence, qu'il ne sembloit pas qu'il dût plaire à une princesse aussi jeune que Madame. Cependant elle lui avoit été agréable et elle avoit été si touchée du mérite et de l'esprit de Madame, qu'elle

Grimaldi, duc de Valentinois, prince de Monaco, morte en 1678, à trente-neuf ans.

(1) Anne-Armande de Saint-Gelais de Lansac, femme de Charles III, duc de Crequy, morte en 1709.

(2) Isabelle-Angelique de Montmorency, né, en 1626, veuve, en 1649, de Gaspard de Coligny, duc de Chatillon.

(3) Marie-Charlotte de La Tremoille épousa, en 1662, Bernard de Saxe-Weimar.

(4) L'auteur de cette Histoire.

lui dût plaire dans la suite par l'attachement qu'elle eut pour elle.

Toutes ces personnes passoient les après-dînées chez Madame. Elles avoient l'honneur de la suivre au Cours; au retour de la promenade, on soupoit chez Monsieur; après le souper, tous les hommes de la Cour s'y rendoient et on passoit le soir parmi les plaisirs de la comédie, du jeu et des violons. Enfin on s'y divertissoit avec tout l'agrément imaginable et sans aucun mélange de chagrin. Madame de Chalais y venoit assez souvent; le comte de Guiche ne manquoit pas de s'y rendre: la familiarité qu'il avoit chez Monsieur lui donnoit l'entrée chez ce prince aux heures les plus particulières. Il voyoit Madame à tous momens, avec tous ses charmes; Monsieur prenoit même le soin de les lui faire admirer; enfin il l'exposoit à un péril qu'il étoit presque impossible d'éviter.

Après quelque séjour à Paris, Monsieur et Madame s'en allèrent à Fontainebleau (1). Madame y porta la joie et les plaisirs. Le Roi connut, en la voyant de plus près, combien il avoit été injuste en ne la trouvant pas la plus belle personne du monde. Il s'attacha

(1) 1661.

fort à elle et lui témoigna une complaisance extrême. Elle disposoit de toutes les parties de divertissement ; elles se faisoient toutes pour elle, et il paroissoit que le Roi n'y avoit de plaisir que par celui qu'elle en recevoit. C'étoit dans le milieu de l'été : Madame s'alloit baigner tous les jours ; elle partoit en carrosse, à cause de la chaleur, et revenoit à cheval, suivie de toutes les dames, habillées galamment, avec mille plumes sur leur tête, accompagnées du Roi et de la jeunesse de la Cour ; après souper on montoit dans des calèches et, au bruit des violons, on s'alloit promener une partie de la nuit autour du canal.

L'attachement que le Roi avoit pour Madame commença bientôt à faire du bruit et à être interprété diversement. La Reine mère en eut d'abord beaucoup de chagrin ; il lui parut que Madame lui ôtoit absolument le Roi, et qu'il lui donnoit toutes les heures qui avoient accoutumé d'être pour elle. La grande jeunesse de Madame lui persuada qu'il seroit facile d'y remédier et que, lui faisant parler par l'abbé de Montaigu (1) et par quelques personnes qui devoient avoir quelque crédit sur son esprit, elle l'obligeroit à se tenir plus attachée à sa personne, et de n'attirer

(1) Premier aumônier de Madame.

pas le Roi dans des divertissemens qui en étoient éloignés.

Madame étoit lasse de l'ennui et de la contrainte qu'elle avoit essuyée auprès de la Reine sa mère. Elle crut que la Reine sa belle-mère vouloit prendre sur elle une pareille autorité ; elle fut occupée de la joie d'avoir ramené le Roi à elle et de savoir par lui-même que la Reine mère tâchoit de l'en éloigner. Toutes ces choses la détournèrent tellement des mesures qu'on vouloit lui faire prendre, que même elle n'en garda plus aucune. Elle se lia d'une manière étroite avec la comtesse de Soissons, qui étoit alors l'objet de la jalousie de la Reine et de l'aversion de la Reine mère, et ne pensa plus qu'à plaire au Roi comme belle-sœur. Je crois qu'elle lui plut d'une autre manière ; je crois aussi qu'elle pensa qu'il ne lui plaisoit que comme un beau-frère, quoiqu'il lui plût peut-être davantage : mais enfin, comme ils étoient tous deux infiniment aimables et tous deux nés avec des dispositions galantes, qu'ils se voyoient tous les jours, au milieu des plaisirs et des divertissemens, il parut aux yeux de tout le monde qu'ils avoient l'un pour l'autre cet agrément qui précède d'ordinaire les grandes passions.

Cela fit bientôt beaucoup de bruit à la Cour. La

Reine mère fut ravie de trouver un prétexte si spécieux de bienséance et de dévotion pour s'opposer à l'attachement que le Roi avoit pour Madame. Elle n'eut pas de peine à faire entrer Monsieur dans ses sentimens ; il étoit jaloux par lui-même, et il le devenoit encore davantage par l'humeur de Madame, qu'il ne trouvoit pas aussi éloignée de la galanterie qu'il l'auroit souhaité.

L'aigreur s'augmentoit tous les jours entre la Reine mère et elle. Le Roi donnoit toutes les espérances à Madame, mais il se ménageoit néanmoins avec la Reine mère ; en sorte que, quand elle redisoit à Monsieur ce que le Roi lui avoit dit, Monsieur trouvoit assez de matière pour vouloir persuader à Madame que le Roi n'avoit pas pour elle autant de considération qu'il lui en témoignoit ; tout cela faisoit un cercle de redites et de démêlés qui ne donnoit pas un moment de repos ni aux uns ni aux autres. Cependant le Roi et Madame, sans s'expliquer entre eux de ce qu'ils sentoient l'un pour l'autre, continuèrent de vivre d'une manière qui ne laissoit douter à personne qu'il n'y eût entre eux plus que de l'amitié.

Le bruit s'en augmenta fort, et la Reine mère et Monsieur en parlèrent si fortement au Roi et à Madame, qu'ils commencèrent à ouvrir les yeux et à faire peut-être des réflexions qu'ils n'avoient point encore faites ; enfin ils résolurent de faire cesser ce grand bruit et, par quelque motif que ce pût être, ils convinrent entre eux que le Roi feroit l'amoureux de quelque personne de la Cour. Ils jetèrent les yeux sur celles qui paroissoient les plus propres à ce dessein, et choisirent entre autres mademoiselle de Pons (1), parente du maréchal d'Albret, et qui, pour être nouvellement venue de province, n'avoit pas toute l'habileté imaginable ; ils jetèrent aussi les yeux sur Chemerault (2), une des filles de la Reine, fort coquette,et sur La Vallière (3), qui étoit une fille de Madame, fort jolie, fort douce et fort naive. La fortune de cette fille étoit médiocre ; sa mère s'étoit remariée à Saint-Remi, premier maître d'hôtel de feu M. le duc d'Orléans ; ainsi elle avoit presque toujours été à Orléans ou à Blois. Elle se trouvoit très-heureuse d'être auprès de Madame. Tout le monde la trouvoit jolie ; plusieurs jeunes gens avoient pensé à s'en faire aimer ; le comte de Guiche s'y étoit attaché plus que les autres. Il y paroissoit

(1) Bonne de Pons, mariée, en 1666, à Michel Sublet, marquis de Heudicourt, grand louvetier de France, morte en 1709, à soixante-cinq ans.

Le maréchal d'Albret était baron de Pons.

(2) Elle épousa, en 1665, Portail, conseiller au Parlement.

(3) Françoise-Louise de La Baume Le Blanc, duchesse de La Vallière, née en 1644, morte en 1710.

encore tout occupé, lorsque le Roi la choisit pour une de celles dont il vouloit éblouir le public. De concert avec Madame, il commença non-seulement à faire l'amoureux d'une des trois qu'ils avoient choisies, mais de toutes les trois ensemble. Il ne fut pas longtemps sans prendre parti ; son cœur se détermina en faveur de La Vallière ; et, quoiqu'il ne laissât pas de dire des douceurs aux autres et d'avoir même un commerce assez réglé avec Chemerault, La Vallière eut tous ses soins et toutes ses assiduités.

Le comte de Guiche, qui n'étoit pas assez amoureux pour s'opiniâtrer contre un rival si redoutable, l'abandonna et se brouilla avec elle, en lui disant des choses assez désagréables.

Madame vit avec quelque chagrin que le Roi s'attachoit véritablement à La Vallière. Ce n'est peut-être pas qu'elle en eût ce qu'on pourroit appeler de la jalousie, mais elle eût été bien aise qu'il n'eût pas eu de véritable passion et qu'il eût conservé pour elle une sorte d'attachement,qui, sans avoir la violence de l'amour, en eût eu la complaisance et l'agrément.

Longtemps avant qu'elle fût mariée, on avoit prédit que le comte de Guiche seroit amoureux d'elle ; et, sitôt qu'il eut quitté La Vallière, on commença à dire qu'il aimoit Madame, et peut-être même qu'on le dit avant qu'il en eût la pensée ; mais ce bruit ne fut pas désagréable à sa vanité; et, comme son inclination s'y trouva peut-être disposée, il ne prit pas de grands soins pour s'empêcher de devenir amoureux, ni pour empêcher qu'on ne le soupçonnât de l'être. L'on répétoit alors à Fontainebleau un ballet que le Roi et Madame dansèrent, et qui fut le plus agréable qui ait jamais été, soit par le lieu où il se dansoit, qui étoit le bord de l'étang, ou par l'invention qu'on avoit trouvée de faire venir du bout d'une allée le théâtre tout entier, chargé d'une infinité de personnes qui s'approchoient insensiblement et qui faisoient une entrée en dansant devant le théâtre.

Pendant la répétition de ce ballet, le comte de Guiche étoit très-souvent avec Madame, parce qu'il dansoit dans la même entrée. Il n'osoit encore lui rien dire de ses sentimens ; mais, par une certaine familiarité qu'il avoit acquise auprès d'elle, il prenoit la liberté de lui demander des nouvelles de son cœur et si rien ne l'avoit jamais touchée ; elle lui répondoit avec beaucoup de bonté et d'agrément, et il s'émancipoit quelquefois à crier, en s'enfuyant d'auprès d'elle, qu'il étoit en grand péril (1).

(1) Mascarille parle ainsi chez Cathos et Madelon : « Moi je dis

Madame recevoit tout cela comme des choses galantes, sans y faire une plus grande attention ; le public y vit plus clair qu'elle-même. Le comte de Guiche laissoit voir, comme on a déjà dit, ce qu'il avoit dans le cœur ; en sorte que le bruit s'en répandit aussitôt. La grande amitié que Madame avoit pour la duchesse de Valentinois contribua beaucoup à faire croire qu'il y avoit de l'intelligence entre eux, et l'on regardoit Monsieur, qui paroissoit amoureux de madame de Valentinois, comme la dupe du frère et de la sœur. Il est vrai néanmoins qu'elle se mêla très-peu de cette galanterie; et, quoique son frère ne lui cachât point sa passion pour Madame, elle ne commença pas les liaisons qui ont paru depuis.

Cependant l'attachement du Roi pour La Vallière augmentoit toujours ; il faisoit beaucoup de progrès auprès d'elle. Ils gardoient beaucoup de mesures ; il ne la voyoit pas chez Madame et dans les promenades

que nos libertés auront peine à sortir d'ici les braies nettes... »
(*Les Précieuses ridicules*, scène XII.)

Et l'impromptu du faux marquis ressemble beaucoup aux galanteries de M. de Guiche.

Oh ! oh ! je n'y prenais pas garde :
Tandis que, sans songer à mal, je vous regarde,
Votre œil en tapinois me dérobe mon cœur.
Au voleur ! au voleur ! au voleur ! au voleur !
(*Loc cit.*)

C'est un rapprochement qu'il est intéressant de faire dans une édition de Molière.

du jour ; mais, à la promenade du soir, il sortoit de la calèche de Madame et s'alloit mettre près de celle de La Vallière, dont la portière étoit abattue ; et, comme c'étoit dans l'obscurité de la nuit, il lui parloit avec beaucoup de commodité.

La Reine mère et Madame n'en furent pas moins mal ensemble. Lorsqu'on vit que le Roi n'en étoit point amoureux, puisqu'il l'étoit de La Vallière, et que Madame ne s'opposoit pas aux soins que le Roi rendoit à cette fille, la Reine mère en fut aigrie. Elle tourna l'esprit de Monsieur, qui s'en aigrit et qui prit au point d'honneur que le Roi fût amoureux d'une fille de Madame. Madame, de son côté, manquoit en beaucoup de choses aux égards qu'elle devoit à la Reine mère et même à ceux qu'elle devoit à Monsieur; en sorte que l'aigreur étoit grande de toutes parts.

Dans ce même temps le bruit fut grand de la passion du comte de Guiche. Monsieur en fut bientôt instruit et lui fit très-mauvaise mine. Le comte de Guiche, soit par son naturel fier, soit par chagrin de voir Monsieur instruit d'une chose qu'il lui étoit commode qu'il ignorât, eut avec Monsieur un éclaircissement fort audacieux et rompit avec lui comme s'il eût été son égal. Cela éclata publiquement, et le comte de Guiche se retira de la Cour.

Le jour que ce bruit arriva, Madame gardoit la chambre et ne voyoit personne ; elle ordonna qu'on laissât seulement entrer ceux qui répétoient avec elle, dont le comte de Guiche étoit du nombre, ne sachant point ce qui venoit de se passer. Comme le Roi vint chez elle, elle lui dit les ordres qu'elle avoit donnés ; le Roi lui répondit en souriant qu'elle ne connoissoit pas mal ceux qui devoient être exemptés et lui conta ensuite ce qui venoit de se passer entre Monsieur et le comte de Guiche. La chose fut sue de tout le monde ; et le maréchal de Gramont, père du comte de Guiche, renvoya son fils à Paris et lui défendit de revenir à Fontainebleau.

Pendant ce temps-là les affaires du ministère n'étoient pas plus tranquilles que celles de l'amour ; et, quoique M. Foucquet, depuis la mort du Cardinal, eût demandé pardon au Roi de toutes les choses passées ; quoique le Roi le lui eût accordé, et qu'il parût l'emporter sur les autres ministres, néanmoins on travailloit fortement à sa perte, et elle étoit résolue.

Madame de Chevreuse (1), qui avoit toujours conservé quelque chose de ce grand crédit que'lle avoit eu

(1) Marie de Rohan, née en 1600, veuve, en 1621, du connétable de Luynes et, en 1657, de Claude de Lorraine, duc de Chevreuse

sur la Reine mère, entreprit de la porter à perdre M. Foucquet.

M. de Laigue (1), marié en secret, à ce que l'on a cru, avec madame de Chevreuse, étoit mal content de ce surintendant ; il gouvernoit madame de Chevreuse. M. Le Tellier et M. Colbert se joignirent à eux ; la Reine mère fit un voyage à Dampierre (2), et là, la perte de M. Foucquet fut conclue et on y fit ensuite consentir le Roi. On résolut d'arrêter ce surintendant ; mais les ministres craignant, quoique sans sujet, le nombre d'amis qu'il avoit dans le royaume, portèrent le Roi à aller à Nantes, afin d'être près de Belle-Isle, que M. Foucquet venoit d'acheter, et de s'en rendre maître.

Ce voyage fut longtemps résolu sans qu'on en fît la proposition ; mais enfin, sur des prétextes qu'ils trouvèrent, on commença à en parler. M. Foucquet, bien éloigné de penser que sa perte fût l'objet de ce voyage, se croyoit tout-à-fait assuré de sa fortune ; et le Roi, de concert avec les autres ministres, pour lui ôter toute sorte de défiance, le traitoit avec de si grandes distinctions, que personne ne doutoit qu'il ne gouvernât.

(1) Geoffroy, marquis de Laigue, né en 1614, mort en 1674. (Voir *Mémoires de madame de Motteville*, coll. Petitot, t. XL p. 133.)

(2) Chez la duchesse de Chevreuse.

Il y avoit longtemps que le Roi avoit dit qu'il vouloit aller à Vaux, maison superbe de ce surintendant; et, quoique la prudence dût l'empêcher de faire voir au Roi une chose qui marquoit si fort le mauvais usage des finances, et qu'aussi la bonté du Roi dût le retenir d'aller chez un homme qu'il alloit perdre, néanmoins ni l'un ni l'autre n'y firent aucune réflexion.

Toute la Cour alla à Vaux (1), et M. Foucquet joignit à la magnificence de sa maison toute celle qui peut être imaginée pour la beauté des divertissemens et la grandeur de la réception. Le Roi en arrivant en fut étonné, et M. Foucquet le fut de remarquer que le Roi l'étoit; néanmoins ils se remirent l'un et l'autre. La fête fut la plus complète qui ait jamais été. Le Roi étoit alors dans la première ardeur de la possession de La Vallière; l'on a cru que ce fut là qu'il la vit pour la première fois en particulier; mais il y avoit déjà quelque temps qu'il la voyoit dans la chambre du comte de Saint-Aignan (2), qui étoit le confident de cette intrigue.

Peu de jours après la fête de Vaux, on partit pour

(1) Le 17 août 1661.
(2) François de Beauvillier, comte, puis duc de Saint-Aignan, né en 1607, mort en 1687.

Nantes; et ce voyage, auquel on ne voyoit aucune nécessité, paroissoit la fantaisie d'un jeune Roi.

M. Foucquet, quoique avec la fièvre quarte, suivit la Cour et fut arrêté à Nantes. Ce changement surprit le monde, comme on peut se l'imaginer, et étourdit tellement les parens et les amis de M. Foucquet, qu'ils ne songèrent pas à mettre à couvert ses papiers, quoiqu'ils en eussent eu le loisir. On le prit dans sa maison, sans aucune formalité; on l'envoya à Angers, et le Roi revint à Fontainebleau.

Tous les amis de M. Foucquet furent chassés et éloignés des affaires. Le conseil des trois autres ministres (1) se forma entièrement. M. Colbert eut les finances, quoique l'on en donnât quelque apparence au maréchal de Villeroy; et M. Colbert commença à prendre auprès du Roi ce crédit qui le rendit depuis le premier homme de l'État.

L'on trouva dans les cassettes de M. Foucquet plus de lettres de galanterie que de papiers d'importance; et, comme il s'y en rencontra de quelques femmes qu'on n'avoit jamais soupçonnées d'avoir de commerce avec lui, ce fondement donna lieu de dire qu'il y en avoit de toutes les plus honnêtes femmes de France.

(1) De Lionne, Le Tellier, Colbert.

La seule qui fut convaincue, ce fut Meneville, une des filles de la Reine, et une des plus belles personnes, que le duc de Damville (1) avoit voulu épouser. Elle fut chassée et se retira dans un couvent.

(1) Christophe de Lévis, comte de Brion, duc de Damville en 1648.

TROISIÈME PARTIE

Le comte de Guiche n'avoit point suivi le Roi au voyage de Nantes. Avant qu'on partît pour y aller, Madame avoit appris de certains discours qu'il avoit tenus à Paris, et qui sembloient vouloir persuader au public que l'on ne se trompoit pas de le croire amoureux d'elle. Cela lui avoit déplu, d'autant plus que madame de Valentinois, qu'il avoit priée de parler à Madame en sa faveur, bien loin de le faire, lui avoit toujours dit que son frère ne pensoit pas à lever les yeux jusqu'à elle et qu'elle la prioit de ne point ajouter foi à tout ce que des gens qui voudroient s'entremettre pourroient lui dire de sa part. Ainsi Madame ne trouva qu'une vanité offensante pour elle dans les discours du comte de Guiche. Quoiqu'elle fût fort jeune et que son peu d'expérience augmentât les défauts qui suivent la jeunesse, elle résolut de prier le Roi d'ordonner au comte de Guiche de ne le point suivre à Nantes; mais la Reine mère avoit déjà prévenu cette prière ; ainsi la sienne ne parut pas.

Madame de Valentinois partit, pendant le voyage de Nantes, pour aller à Monaco. Monsieur étoit toujours amoureux d'elle, c'est-à-dire autant qu'il pouvoit l'être. Elle étoit adorée dès son enfance par Peguilin, cadet de la maison de Lauzun (1) : la parenté qui étoit entre eux (2) lui avoit donné une familiarité entière dans l'hôtel de Gramont; de sorte que, s'étant trouvés tous deux très-propres à avoir de violentes passions, rien n'étoit comparable à celle qu'ils avoient eue l'un pour l'autre. Elle avoit été mariée depuis un an, contre son gré, au prince de Monaco ; mais, comme son mari n'étoit pas assez aimable pour

(1) Antonin Nompar de Caumont, marquis de Puyguilhem, depuis duc de Lauzun, cadet de la maison de Caumont, et non de Lauzun, né en 1633, mort en 1723. Quand madame de La Fayette écrit *Peguilin*, elle figure la prononciation de Puyguilhem. De même Racine écrit dans une de ses lettres *Chammelay* le nom de la Champmeslé qu'il connaissait pourtant bien.

(2) Par sa grand'mère qui etait de Gramont.

lui faire rompre avec son amant, elle l'aimoit toujours passionnément. Ainsi elle le quittoit avec une douleur sensible; et lui, pour la voir encore, la suivoit déguisé, tantôt en marchand, tantôt en postillon, enfin de toutes les manières qui le pouvoient rendre méconnoissable à ceux qui étoient à elle. En partant, elle voulut engager Monsieur à ne point croire tout ce qu'on lui diroit de son frère au sujet de Madame et elle voulut qu'il lui promît qu'il ne le chasseroit point de la Cour. Monsieur, qui avoit déjà de la jalousie du comte de Guiche et qui ressentoit l'aigreur qu'on a pour ceux qu'on a fort aimés et dont l'on croit avoir sujet de se plaindre, ne parut pas disposé à accorder ce qu'elle lui demanda. Elle s'en fâcha, et ils se séparèrent mal.

La comtesse de Soissons, que le Roi avoit aimée et qui aimoit alors le marquis de Vardes, ne laissoit pas d'avoir beaucoup de chagrin : le grand attachement que le Roi prenoit pour La Vallière en étoit cause, et d'autant plus que cette jeune personne, se gouvernant entièrement par les sentimens du Roi, ne rendoit compte ni à Madame ni à la comtesse de Soissons des choses qui se passoient entre le Roi et elle. Ainsi la comtesse de Soissons, qui avoit toujours vu le Roi chercher les plaisirs chez elle, voyoit bien que cette galanterie l'en alloit éloigner. Cela ne la rendit pas favorable à La Vallière : elle s'en aperçut, et la jalousie qu'on a d'ordinaire de celles qui ont été aimées de ceux qui nous aiment se joignant au ressentiment des mauvais offices qu'elle lui rendoit, lui donna une haine fort vive pour la comtesse de Soissons.

Quoique le Roi désirât que La Vallière n'eût pas de confidente, il étoit impossible qu'une jeune personne d'une capacité médiocre pût contenir en elle-même une aussi grande affaire que celle d'être aimée du Roi. Madame avoit une fille appelée Montalais (1).

C'étoit une personne qui avoit naturellement beaucoup d'esprit, mais un esprit d'intrigue et d'insinuation; et il s'en falloit beaucoup que les bons sens et la raison réglassent sa conduite. Elle n'avoit jamais vu de cour que celle de Madame douairière (2), à Blois, dont elle avoit été fille d'honneur. Ce peu d'expérience du monde et beaucoup de galanterie la rendoient toute propre à devenir confidente. Elle l'avoit déjà été de La Vallière pendant qu'elle étoit à Blois, où un nommé

(1) Mademoiselle de Montalais, fille de Pierre de Montalais, seigneur de Chambellay, et de Renée Le Clerc de Sautre, sœur de madame de Marais. — Le texte de 1720 porte en titre : « Portrait de Montalais. »

(2) Marguerite de Lorraine, veuve de Gaston, duc d'Orléans.

Bragelonne (1) en avoit été amoureux ; il y avoit eu quelques lettres ; madame de Saint-Remy (2) s'en étoit aperçue, enfin ce n'étoit pas une chose qui eût été loin. Cependant le Roi en prit de grandes jalousies.

La Vallière trouvant donc, dans la même chambre où elle étoit, une fille à qui elle s'étoit déjà fiée, s'y fia encore entièrement ; et, comme Montalais avoit beaucoup plus d'esprit qu'elle, elle y trouva un grand plaisir et un grand soulagement. Montalais ne se contenta pas de cette confidence de La Vallière, elle voulut encore avoir celle de Madame. Il lui parut que cette princesse n'avoit pas d'aversion pour le comte de Guiche ; et lorsque le comte de Guiche revint à Fontainebleau après le voyage de Nantes, elle lui parla et le tourna de tant de côtés, qu'elle lui fit avouer qu'il étoit amoureux de Madame. Elle lui promit de le servir, et ne le fit que trop bien.

La Reine accoucha de monseigneur le Dauphin, le

(1) Intendant de la maison de Gaston d'Orléans.

(2) Françoise Le Prevost, mariée successivement à messire Bernard Rosay, conseiller en la cour du Parlement de Paris, à Laurent de La Baume Le Blanc, chevalier, seigneur de La Vallière, dont elle eut Louise-Françoise, qui devint maîtresse de Louis XIV, et à M. de Saint-Remi, premier maître d'hôtel de Gaston d'Orléans. Voir page 46, lignes 14 et suivantes. — Bazin écrit, je ne sais pourquoi, « La Valière ».

jour de la Toussaint 1661. Madame avoit passé tout le jour auprès d'elle ; et, comme elle étoit grosse et fatiguée, elle se retira dans sa chambre, où personne ne la suivit, parce que tout le monde étoit encore chez la Reine. Montalais se mit à genoux devant Madame et commença à lui parler de la passion du comte de Guiche. Ces sortes de discours naturellement ne déplaisent pas assez aux jeunes personnes pour leur donner la force de les repousser ; et de plus Madame avoit une timidité à parler qui fit que, moitié embarras, moitié condescendance, elle laissa prendre des espérances à Montalais. Dès le lendemain elle apporta à Madame une lettre du comte de Guiche ; Madame ne voulut point la lire, Montalais l'ouvrit et la lut. Quelques jours après, Madame se trouva mal ; elle revint à Paris en litière, et, comme elle y montoit, Montalais lui jeta un volume de lettres du comte de Guiche. Madame les lut pendant le chemin et avoua après à Montalais qu'elle les avoit lues. Enfin la jeunesse de Madame, l'agrément du comte de Guiche, mais surtout les soins de Montalais, engagèrent cette princesse dans une galanterie qui ne lui a donné que des chagrins considérables. Monsieur avoit toujours de la jalousie du comte de Guiche, qui néanmoins ne laissoit pas d'aller aux Tuileries, où Madame logeoit encore. Elle étoit considérablement malade. Il lui écrivoit trois ou quatre fois par jour. Madame ne lisoit pas ses lettres la plupart du temps et les laissoit toutes à Montalais, sans lui demander même ce qu'elle en faisoit. Montalais n'osoit les garder dans sa chambre ; elle les remettoit entre les mains d'un amant qu'elle avoit alors, nommé Malicorne (1). Le Roi étoit venu à Paris peu de temps après Madame ; il voyoit toujours La Vallière chez elle ; il y venoit le soir et l'alloit entretenir dans un cabinet. Toutes les portes à la vérité étoient ouvertes ; mais on étoit plus éloigné d'y entrer que si elles avoient été fermées avec de l'airain. Il se lassa néanmoins de cette contrainte ; et,quoique la Reine sa mère, pour qui il avoit encore de la crainte, le tourmentât incessamment sur La Vallière, elle feignit d'être malade, et il l'alla voir dans sa chambre.

La jeune Reine ne savoit point de qui le Roi étoit amoureux ; elle devinoit pourtant bien qu'il l'étoit ; et, ne sachant où placer sa jalousie, elle la mettoit sur Madame.

Le Roi se douta de la confiance que La Vallière

(1) Germain Texier, comte de Hautefeuille, baron de Malicorne, gentilhomme ordinaire du Roi, conseiller d'État d'epee, marié, en 1665, à Catherine Marguerite de Courtarvel, fille du premier lit de Jacques de Saint-Remi, mort en 1694.

prenoit en Montalais. L'esprit d'intrigue de cette fille lui déplaisoit : il défendit à La Vallière de lui parler. Elle lui obéissoit en public ; mais Montalais passoit les nuits entières avec elle, et bien souvent le jour l'y trouvoit encore.

Madame, qui étoit malade et qui ne dormoit point, l'envoyoit quelquefois quérir, sous prétexte de lui venir lire quelque livre. Lorsqu'elle quittoit Madame, c'étoit pour aller écrire au comte de Guiche, à quoi elle ne manquoit pas trois fois par jour, et de plus à Malicorne, à qui elle rendoit compte de l'affaire de Madame et de celle de La Vallière. Elle avoit encore la confidence de mademoiselle de Tonnay-Charente, qui aimoit le marquis de Noirmoutier (1) et qui souhaitoit fort de l'épouser. Une seule de ces confidences eût pu occuper une personne entière, et Montalais seule suffisoit à toutes.

Le comte de Guiche et elle se mirent dans l'esprit qu'il falloit qu'il vît Madame en particulier. Madame, qui avoit de la timidité pour parler sérieusement, n'en avoit point pour ces sortes de choses. Elle n'en voyoit point les conséquences ; elle y trouvoit de la plaisanterie de roman. Montalais lui trouvoit des fa-

(1) Louis-Alexandre de La Trémoille, né en 1642.

cilités qui ne pouvoient être imaginées par une autre. Le comte de Guiche, qui étoit jeune et hardi, ne trouvoit rien de plus beau que de tout hasarder ; et Madame et lui, sans avoir de véritable passion l'un pour l'autre, s'exposèrent au plus grand danger où l'on se soit jamais exposé. Madame étoit malade, et environnée de toutes ces femmes qui ont accoutumé d'être auprès d'une personne de son rang, sans se fier à pas une. Elle faisoit entrer le comte de Guiche quelquefois en plein jour, déguisé en femme qui dit la bonne aventure, et il la disoit même aux femmes de Madame, qui le voyoient tous les jours et qui ne le reconnoissoient pas ; d'autres fois par d'autres inventions, mais toujours avec beaucoup de hasards ; et ces entrevues si périlleuses se passoient à se moquer de Monsieur et à d'autres plaisanteries semblables, enfin à des choses fort éloignées de la violente passion qui sembloit les faire entreprendre. Dans ce temps-là on dit un jour, dans un lieu où étoit le comte de Guiche avec Vardes, que Madame étoit plus mal qu'on ne pensoit et que les médecins croyoient qu'elle ne guériroit pas de sa maladie. Le comte de Guiche en parut fort troublé ; Vardes l'emmena et lui aida à cacher son trouble. Le comte de Guiche lui avoua l'état où il étoit avec Madame et l'engagea dans sa confidence. Madame désapprouva fort ce qu'avoit fait le comte de Guiche ; elle voulut l'obliger à rompre avec Vardes ; il lui dit qu'il se battroit avec lui pour la satisfaire, mais qu'il ne pouvoit rompre avec son ami.

Montalais, qui vouloit donner un air d'importance à cette galanterie et qui croyoit qu'en mettant bien des gens dans cette confidence elle composeroit une intrigue qui gouverneroit l'État, voulut engager La Vallière dans les intérêts de Madame : elle lui conta tout ce qui se passoit au sujet du comte de Guiche et lui fit promettre qu'elle n'en diroit rien au Roi. En effet La Vallière, qui avoit mille fois promis au Roi de ne lui jamais rien cacher, garda à Montalais la fidélité qu'elle lui avoit promise.

Madame ne savoit point que La Vallière sût ses affaires, mais elle savoit celles de La Vallière par Montalais. Le public entrevoyoit quelque chose de la galanterie de Madame et du comte de Guiche. Le Roi en faisoit de petites questions à Madame; mais il étoit bien éloigné d'en savoir le fond. Je ne sais si ce fut sur ce sujet ou sur quelque autre qu'il tint de certains discours à La Vallière qui lui firent juger que le Roi savoit qu'elle lui faisoit finesse de quelque chose ; elle se troubla et lui fit connoître qu'elle lui cachoit des choses considérables. Le Roi se mit dans une colère épouvantable ; elle ne lui avoua point ce que c'étoit ; le Roi se retira au désespoir contre elle. Ils étoient convenus plusieurs fois que, quelques brouilleries qu'ils eussent ensemble, ils ne s'endormiroient jamais sans se raccommoder et sans s'écrire. La nuit se passa sans qu'elle eût de nouvelles du Roi ; et, se croyant perdue, la tête lui tourna. Elle sortit le matin des Tuileries et s'en alla comme une insensée dans un petit couvent obscur qui étoit à Chaillot.

Le matin on alla avertir le Roi qu'on ne savoit pas où étoit La Vallière. Le Roi, qui l'aimoit passionnément, fut extrêmement troublé ; il vint aux Tuileries pour savoir de Madame où elle étoit ; Madame n'en savoit rien et ne savoit pas même le sujet qui l'avoit fait partir.

Montalais étoit hors d'elle-même de ce qu'elle lui avoit seulement dit qu'elle étoit désespérée, parce qu'elle étoit perdue à cause d'elle.

Le Roi fit si bien qu'il sut où étoit La Vallière ; il y alla à toute bride, lui quatrième ; il la trouva dans le parloir du dehors de ce couvent ; on ne l'avoit pas voulu recevoir au dedans. Elle étoit couchée à terre, éplorée et hors d'elle-même.

Le Roi demeura seul avec elle ; et, dans une longue conversation, elle lui avoua tout ce qu'elle lui avoit caché. Cet aveu n'obtint pas son pardon. Le Roi lui dit seulement tout ce qu'il falloit dire pour l'obliger à revenir, et envoya chercher un carrosse pour la ramener.

Cependant il vint à Paris pour obliger Monsieur à la recevoir ; il avoit déclaré tout haut qu'il étoit bien aise qu'elle fût hors de chez lui, et qu'il ne la reprendroit point. Le Roi entra par un petit degré aux Tuileries et alla dans un petit cabinet où il fit venir Madame, ne voulant pas se laisser voir, parce qu'il avoit pleuré. Là, il pria Madame de reprendre La Vallière et lui dit tout ce qu'il venoit d'apprendre d'elle et de ses affaires. Madame en fut étonnée, comme on se le peut imaginer ; mais elle ne put rien nier. Elle promit au Roi de rompre avec le comte de Guiche et consentit à recevoir La Vallière.

Le Roi eut assez de peine à l'obtenir de Madame ; mais il la pria tant, les larmes aux yeux, qu'enfin il en vint à bout. La Vallière revint dans sa chambre; mais elle fut longtemps à revenir dans l'esprit du Roi ; il ne pouvoit se consoler qu'elle eût été capable de lui cacher quelque chose, et elle ne pouvoit supporter d'être moins bien avec lui ; en sorte qu'elle eut pendant quelque temps l'esprit comme égaré.

Enfin le Roi lui pardonna, et Montalais fit si bien qu'elle entra dans la confidence du Roi. Il la questionna plusieurs fois sur l'affaire de Bragelonne, dont il savoit qu'elle avoit connoissance ; et, comme Montalais savoit mieux mentir que La Vallière, il avoit l'esprit en repos lorsqu'elle lui avoit parlé. Il avoit néanmoins l'esprit extrêmement blessé sur la crainte qu'il n'eût pas été le premier que La Vallière eût aimé ; il craignoit même qu'elle n'aimât encore Bragelonne.

Enfin il avoit toutes les inquiétudes et les délicatesses d'un homme bien amoureux ; et il est certain qu'il l'étoit fort, quoique la règle qu'il a naturellement dans l'esprit, et la crainte qu'il avoit encore de la Reine sa mère, l'empêchassent de faire de certaines choses emportées que d'autres seroient capables de faire. Il est vrai aussi que le peu d'esprit de La Vallière empêchoit cette maîtresse du Roi de se servir des avantages et du crédit dont une si grande passion auroit fait profiter une autre ; elle ne songeoit qu'à être aimée du Roi et à l'aimer; elle avoit beaucoup de jalousie de la comtesse de Soissons, chez qui le Roi alloit tous les jours, quoiqu'elle fît tous ses efforts pour l'en empêcher.

La comtesse de Soissons ne doutoit pas de la haine que La Vallière avoit pour elle ; et, ennuyée de voir le Roi entre ses mains, le marquis de Vardes et elle résolurent de faire savoir à la Reine que le Roi en étoit amoureux. Ils crurent que la Reine, sachant cet amour et appuyée par la Reine mère, obligeroit Monsieur et Madame à chasser La Vallière des Tuileries, et que le Roi ne sachant où la mettre, la mettroit chez la comtesse de Soissons, qui par là s'en trouveroit la maîtresse ; et ils espéroient encore que le chagrin que témoigneroit la Reine obligeroit le Roi à rompre avec La Vallière, et que, lorsqu'il l'auroit quittée, il s'attacheroit à quelque autre dont ils seroient peut-être les maîtres. Enfin ces chimères, ou d'autres pareilles, leur firent prendre la plus folle résolution et la plus hasardeuse qui ait jamais été prise. Ils écrivirent une lettre à la Reine, où ils l'instruisoient de tout ce qui se passoit. La comtesse de Soissons ramassa dans la chambre de la Reine un dessus de lettre du Roi son père (1). Vardes confia ce secret au comte de Guiche, afin que, comme il savoit l'espagnol, il mît la lettre en cette langue : le comte de Guiche, par complaisance pour son ami et par haine pour La Vallière, entra fortement dans ce beau dessein.

Ils mirent la lettre en espagnol ; ils la firent écrire par un homme qui s'en alloit en Flandre et qui ne devoit point revenir ; ce même homme l'alla porter au Louvre à un huissier, pour la donner à la senora

(1) Philippe IV, roi d'Espagne.

Molina (1), première femme de chambre de la Reine, comme une lettre d'Espagne. La Molina trouva quelque chose d'extraordinaire à la manière dont cette lettre lui étoit venue ; elle trouva de la différence dans la façon dont elle étoit pliée ; enfin, par instinct plutôt que par raison, elle ouvrit cette lettre,et, après l'avoir lue, elle l'alla porter au Roi.

Quoique le comte de Guiche eût promis à Vardes de ne rien dire à Madame de cette lettre, il ne laissa pas de lui en parler ; et Madame, malgré sa promesse, ne laissa pas de le dire à Montalais ; mais ce ne fut de longtemps. Le Roi fut dans une colère qui ne se peut représenter ; il parla à tous ceux qu'il crut pouvoir lui donner quelque connoissance de cette affaire, et même il s'adressa à Vardes, comme à un homme d'esprit et à qui il se fioit. Vardes fut assez embarrassé de la commission que le Roi lui donnoit ; cependant il trouva le moyen de faire tomber le soupçon sur madame de Navailles (2), et le Roi le crut si bien, que cela eut grande part aux disgrâces qui lui arrivèrent depuis.

Cependant Madame vouloit tenir la parole qu'elle

(1) Dona Maria Molina.

(2) Suzanne de Baudean de Neuillan, femme de Philippe de Montault-Benac, duc de Navailles, dame d'honneur de la Reine.

avoit donnée au Roi de rompre avec le comte de Guiche, et Montalais s'étoit aussi engagée auprès du Roi de ne se plus mêler de ce commerce. Néanmoins, avant que de commencer cette rupture, elle avoit donné au comte de Guiche les moyens de voir Madame, pour trouver ensemble, disoit-elle, ceux de ne se plus voir. Ce n'est guère en présence que les gens qui s'aiment trouvent ces sortes d'expédiens; aussi cette conversation ne fit pas un grand effet, quoiqu'elle suspendît pour quelque temps le commerce de lettres. Montalais promit encore au Roi de ne plus servir le comte de Guiche, pourvu qu'il ne le chassât point de la Cour; et Madame demanda au Roi la même chose.

Vardes, qui étoit pour lors absolument dans la confidence de Madame, qui la voyoit fort aimable et pleine d'esprit, soit par un sentiment d'amour, soit par un sentiment d'ambition et d'intrigue, voulut être seul maître de son esprit, et résolut de faire éloigner le comte de Guiche. Il savoit ce que Madame avoit promis au Roi, mais il voyoit que toutes les promesses seroient mal observées.

Il alla trouver le maréchal de Gramont; il lui dit une partie des choses qui se passoient, il lui fit voir le péril où s'exposoit son fils, et lui conseilla de l'éloigner et de demander au Roi qu'il allât commander les troupes qui étoient alors à Nancy.

Le maréchal de Gramont, qui aimoit son fils passionnément, suivit les sentimens de Vardes, et demanda ce commandement au Roi. Et, comme c'étoit une chose avantageuse pour son fils, le Roi ne douta point que le comte de Guiche ne la souhaitât et la lui accorda.

Madame ne savoit rien de ce qui se passoit : Vardes ne lui avoit rien dit de ce qu'il avoit fait, non plus qu'au comte de Guiche, et on ne l'a su que depuis. Madame étoit allée loger au Palais-Royal, où elle avoit fait ses couches (1) : tout le monde la voyoit ; et des femmes de la ville, peu instruites de l'intérêt qu'elle prenoit au comte de Guiche, dirent dans sa ruelle, comme une chose indifférente, qu'il avoit demandé le commandement des troupes de Lorraine et qu'il partoit dans peu de jours.

Madame fut extrêmement surprise de cette nouvelle. Le soir, le Roi la vint voir. Elle lui en parla, et il lui dit qu'il étoit véritable que le maréchal de Gramont lui avoit demandé ce commandement, comme une chose que son fils souhaitoit fort, et que le comte de Guiche l'en avoit remercié.

(1) Le 27 mars 1662.

Madame se trouva fort offensée que le comte de Guiche eût pris sans sa participation le dessein de s'éloigner d'elle; elle le dit à Montalais et lui ordonna de le voir. Elle le vit, et le comte de Guiche, désespéré de s'en aller et de voir Madame mal satisfaite de lui, lui écrivit une lettre par laquelle il lui offrit de soutenir au Roi qu'il n'avoit point demandé l'emploi de Lorraine, et en même temps de le refuser.

Madame ne fut pas d'abord satisfaite de cette lettre. Le comte de Guiche, qui étoit fort emporté, dit qu'il ne partiroit point et qu'il alloit remettre le commandement au Roi. Vardes eut peur qu'il ne fût assez fou pour le faire ; il ne vouloit pas le perdre, quoiqu'il voulût l'éloigner : il le laissa en garde à la comtesse de Soissons, qui entra dès ce jour dans cette confidence et vint trouver Madame pour qu'elle écrivît au comte de Guiche qu'elle vouloit qu'il partît. Elle fut touchée de tous les sentimens du comte de Guiche, où il y avoit en effet de la hauteur et de l'amour ; elle fit ce que Vardes vouloit, et le comte de Guiche résolut de partir, à condition qu'il verroit Madame.

Montalais, qui se croyoit quitte de sa parole envers Roi puisqu'il chassoit le comte de Guiche, se chargea de cette entrevue ; et, Monsieur devant venir au Louvre, elle fit entrer le comte de Guiche, sur le midi, par un escalier dérobé et l'enferma dans un oratoire. Lorsque Madame eut dîné, elle fit semblant de vouloir dormir et passa dans une galerie où le comte de Guiche lui dit adieu. Comme ils y étoient ensemble, Monsieur revint; tout ce qu'on put faire fut de cacher le comte de Guiche dans une cheminée, où il demeura longtemps sans pouvoir sortir. Enfin Montalais l'en tira et crut avoir sauvé tous les périls de cette entrevue ; mais elle se trompoit infiniment.

Une de ses compagnes, nommée Artigny (1), dont la vie n'avoit pas été bien exemplaire, la haïssoit fort. Cette fille avoit été mise dans la chambre par madame de La Basinière(2), autrefois Chemerault, à qui le temps n'avoit pas ôté l'esprit d'intrigue, et elle avoit grand pouvoir sur l'esprit de Monsieur. Cette fille, qui épioit Montalais et qui étoit jalouse de la faveur dont elle jouissoit auprès de Madame, soupçonna qu'elle menoit

(1) Claude-Marie du Gast d'Artigny épousa en 1666 Louis-Pierre-Scipion de Grimoard de Beauvoir de Montlaur, comte du Roure, cousin du duc de Créquy. « C'etait, dit Saint-Simon, une intrigante de beaucoup d'esprit et que la faveur de mademoiselle de La Vallière avait accoutumee à beaucoup de hauteur. Elle se trouva mêlee dans beaucoup de choses avec la comtesse de Soissons, qui les firent chasser chacune de la Cour, puis avec la même dans les dépositions de la Voisin.... Elle en fut quitte pour l'exil en Languedoc où elle a passé le reste de sa vie. »

(2) Françoise de Barbezières Chemerault, mariée en 1645 à Macé Bertrand de la Basinière, baron de Vouvans et du Grand-Précigny, trésorier de l'Epargne.

quelque intrigue. Elle le découvrit à madame de La Basinière, qui la fortifia dans le dessein et dans le moyen de la découvrir; elle lui joignit, pour espion, une appelée Merlot, et l'une et l'autre firent si bien qu'elles virent entrer le comte de Guiche dans l'appartement de Madame.

Madame de La Basinière en avertit la Reine mère par Artigny; et la Reine mère, par une conduite qui ne se peut pardonner à une personne de sa vertu et de sa bonté, voulut que madame de La Basinière en avertît Monsieur. Ainsi l'on dit à ce prince ce que l'on auroit caché à tout autre mari.

Il résolut, avec la Reine sa mère, de chasser Montalais, sans en avertir Madame ni même le Roi, de peur qu'il ne s'y opposât, parce qu'elle étoit alors fort bien avec lui, sans considérer que ce bruit alloit faire découvrir ce que peu de gens savoient. Ils résolurent seulement de chasser encore une autre fille de Madame, dont la conduite personnelle n'étoit pas trop bonne.

Ainsi, un matin, la maréchale Du Plessis (1), par ordre de Monsieur, vint dire à ces deux filles que Monsieur leur ordonnoit de se retirer, et à l'heure

(1) Colombe Le Charron, femme de Cesar, duc de Choiseul, marechal du Plessis, première dame d'honneur de Madame.

même on les fit mettre dans un carrosse. Montalais dit à la maréchale Du Plessis qu'elle la conjuroit de lui faire rendre ses cassettes, parce que si Monsieur les voyoit Madame étoit perdue. La Maréchale en alla demander la permission à Monsieur, sans néanmoins lui en dire la cause. Monsieur, par une bonté incroyable en un homme jaloux, laissa emporter les cassettes, et la maréchale du Plessis ne songea point à s'en rendre maîtresse pour les rendre à Madame. Ainsi elles furent remises entre les mains de Montalais, qui se retira chez sa sœur, Françoise de Montalais, mariée à Jean de Bueil, comte de Sancerre et Marans. Quand Madame s'éveilla, Monsieur entra dans sa chambre et lui dit qu'il avoit fait chasser ses deux filles : elle en demeura fort étonnée, et il se retira sans lui en dire davantage. Un moment après, le Roi lui envoya dire qu'il n'avoit rien su de ce qu'on avoit fait, et qu'il la viendroit voir le plus tôt qu'il lui seroit possible.

Monsieur alla faire ses plaintes et conter ses douleurs à la reine d'Angleterre, qui logeoit alors au Palais-Royal. Elle vint trouver Madame et la gronda un peu, et lui dit tout ce que Monsieur savoit de certitude, afin qu'elle lui avouât la même chose et qu'elle ne lui en dît pas davantage.

Monsieur et Madame eurent un grand éclaircissement ensemble ; Madame lui avoua qu'elle avoit vu le comte de Guiche, mais que c'étoit la première fois, et qu'il ne lui avoit écrit que trois ou quatre fois.

Monsieur trouva un si grand air d'autorité à se faire avouer par Madame les choses qu'il savoit déjà, qu'il lui en adoucit toute l'amertume ; il l'embrassa et ne conserva que de légers chagrins. Ils auroient sans doute été plus violens à tout autre qu'à lui ; mais il ne pensa point à se venger du comte de Guiche ; et quoique l'éclat que cette affaire fit dans le monde semblât par honneur l'y devoir obliger, il n'en témoigna aucun ressentiment. Il tourna tous ses soins à empêcher que Madame n'eût de commerce avec Montalais ; et, comme elle en avoit un très-grand avec La Vallière, il obtint du Roi que La Vallière n'en auroit plus. En effet elle en eut très-peu, et Montalais se mit dans un couvent.

Madame promit, comme on le peut juger, de rompre toutes sortes de liaisons avec le comte de Guiche, et le promit même au Roi ; mais elle ne lui tint pas parole. Vardes demeura le confident, au hasard même d'être brouillé avec le Roi ; mais, comme il avoit fait confidence au comte de Guiche de l'affaire d'Espagne, cela faisoit une telle liaison entre eux qu'ils ne pouvoient rompre sans folie. Il sut alors que Montalais étoit instruite de la lettre d'Espagne, et cela lui donnoit des égards pour elle dont le public ne pouvoit deviner la cause, outre qu'il étoit bien aise de se faire un mérite auprès de Madame de gouverner une personne qui avoit tant de part à ses affaires.

Montalais ne laissoit pas d'avoir quelque commerce avec La Vallière, et, de concert avec Vardes, elle lui écrivit deux grandes lettres, par lesquelles elle lui donnoit des avis pour sa conduite, et lui disoit tout ce qu'elle devoit dire au Roi. Le Roi en fut dans une colère étrange et envoya prendre Montalais par un exempt, avec ordre de la conduire à Fontevrault et de ne la laisser parler à personne. Elle fut si heureuse qu'elle sauva encore ses cassettes et les laissa entre les mains de Malicorne, qui étoit toujours son amant.

La Cour fut à Saint-Germain. Vardes avoit un grand commerce avec Madame ; car celui qu'il avoit avec la comtesse de Soissons, qui n'avoit aucune beauté, ne le pouvoit détacher des charmes de Madame. Sitôt qu'on fut à Saint-Germain, la comtesse de Soissons, qui n'aspiroit qu'à ôter à la Vallière la place qu'elle occupoit, songea à engager le Roi avec la Mothe-Houdancourt (1), fille de la Reine. Elle avoit déjà eu cette pensée avant que l'on partit de Paris; et peut-être même que l'espérance que le Roi viendroit à elle s'il quittoit La Vallière, étoit une des raisons qui l'avoient engagée à écrire la lettre d'Espagne. Elle persuada au Roi que cette fille avoit pour lui une passion extraordinaire ; et le Roi, quoiqu'il aimât avec passion La Vallière, ne laissa pas d'entrer en commerce avec La Mothe, mais il engagea la comtesse de Soissons à n'en rien dire à Vardes ; et en cette occasion la comtesse de Soissons préféra le Roi à son amant et lui tut ce commerce.

Le chevalier de Gramont (2) étoit amoureux de La Mothe. Il démêla quelque chose de ce qui s'étoit passé, et épia le Roi avec tant de soin, qu'il découvrit que le Roi alloit dans la chambre des filles.

Madame de Navailles, qui étoit alors dame d'honneur, découvrit aussi ce commerce. Elle fit murer des portes et griller des fenêtres. La chose fut sue ; le Roi chassa le chevalier de Gramont, qui fut plusieurs années sans avoir permission de revenir en France.

(1) Anne-Lucie de La Mothe-Houdancourt, nièce d'Antoine de La Mothe, marquis d'Houdancourt, maréchal de France.

(2) Philibert, chevalier et plus tard comte de Gramont, le héros des *Mémoires* d'Hamilton, frère du maréchal Antoine III, duc de Gramont.

Vardes aperçut, par l'éclat de cette affaire, la finesse qui lui avoit été faite par la comtesse de Soissons, et en fut dans un désespoir si violent, que tous ses amis, qui l'avoient cru jusques alors incapable de passion, ne doutèrent pas qu'il n'en eût une très-vive pour elle. Ils pensèrent rompre ensemble ; mais le comte de Soissons, qui ne soupçonnoit rien au-delà de l'amitié entre Vardes et sa femme, prit le soin de les raccommoder. La Vallière eut des jalousies et des désespoirs inconcevables ; mais le Roi, qui étoit animé par la résistance de La Mothe, ne laissoit pas de la voir toujours. La Reine mère le détrompa de l'opinion qu'il avoit de la passion prétendue de cette fille ; elle sut par quelqu'un cette intelligence, et que c'étoit le marquis d'Alluye (1) et Fouilloux (2), amis intimes de la comtesse de Soissons, qui faisoient les lettres que La Mothe écrivoit au Roi ; et elle sut à point nommé qu'elle lui en devoit écrire une, qui avoit été

(1) Paul d'Escoubleau, marquis d'Alluye et de Sourdis, gouverneur d'Orleans.

(2) Benigne de Meaux de Fouilloux, épousa Paul d'Escoubleau marquise d'Alluye, en 1667 « Amie intime de la comtesse de Soissons et des duchesses de Bouillon et Mazarin, [la marquise d'Alluye] passa sa vie dans les intrigues de la galanterie, et quand son âge l'en exclut pour elle-même, dans celles d'autrui. .. D'estime elle ne s'en étoit jamais mise en peine, sinon d'être sûre et secrète au dernier point ; avec cela tout le monde l'aimoit, mais il n'alloit guère de femmes chez elle » (Saint-Simon). Elle mourut en 1720, âgée de plus de quatre-vingts ans.

6

concertée entre eux pour lui demander l'éloignement de La Vallière.

Elle en dit les propres termes au Roi, pour lui faire voir qu'il étoit dupé par la comtesse de Soissons ; et le soir même, comme elle donna la lettre au Roi, y trouvant ce qu'on avoit dit, il brûla la lettre, rompit avec La Mothe, demanda pardon à La Vallière et lui avoua tout ; en sorte que depuis ce temps-là La Vallière n'en eut aucune inquietude ; et La Mothe s'est piquée depuis d'avoir une passion pour le Roi, qui l'a rendue une vestale pour tous les autres hommes.

L'aventure de La Mothe fut ce qui se passa de plus considérable à Saint-Germain. Vardes paroissoit déjà amoureux de Madame, aux yeux de ceux qui les avoient bons ; mais Monsieur n'en avoit aucune jalousie, et au contraire étoit fort aise que Madame eût de la confiance en lui.

La Reine mère n'en étoit pas de même : elle haissoit Vardes et ne vouloit pas qu'il se rendît maître de l'esprit de Madame.

On revint à Paris. La Vallière étoit toujours au Palais-Royal ; mais elle ne suivoit point Madame, et même elle ne la voyoit que rarement. Artigny, quoique ennemie de Montalais, prit sa place auprès de La Vallière : elle avoit toute sa confiance, et étoit tous les jours entre le Roi et elle.

Montalais supportoit impatiemment la prospérité de son ennemie et ne respiroit que les occasions de s'en venger et de venger en même temps Madame de l'insolence qu'Artigny avoit eue de découvrir ce qui la regardoit.

Lors qu'Artigny vint à la Cour, elle y arriva grosse, et sa grossesse étoit déjà si avancée que le Roi, qui n'en avoit point oui parler, s'en aperçut et le dit en même temps: sa mère la vint quérir, sous prétexte qu'elle étoit malade. Cette aventure n'auroit pas fait beaucoup de bruit ; mais Montalais fit si bien qu'elle trouva le moyen d'avoir des lettres qu'Artigny avoit écrites pendant sa grossesse au père de l'enfant, et remit ces lettres entre les mains de Madame, de sorte que Madame, ayant un si juste sujet de chasser une personne dont elle avoit tant de raisons de se plaindre, déclara qu'elle vouloit chasser Artigny et en dit toutes les raisons. Artigny eut recours à La Vallière : le Roi, à sa prière, voulut empêcher Madame de la chasser. Cette affaire fit beaucoup de bruit et causa même de la brouillerie entre le Roi et elle. Les lettres furent remises entre les mains de mesdames de Montausier(1)

(1) Julie-Lucie d'Angennes, duchesse de Montausier, femme de

et de Saint-Chaumont (1), pour vérifier l'écriture ; mais enfin Vardes, qui vouloit faire des choses agréables au Roi, afin qu'il ne trouvât pas à redire au commerce qu'il avoit avec Madame, se fit fort d'engager Madame à garder Artigny ; et, comme Madame étoit fort jeune, qu'il étoit fort habile, et qu'il avoit un grand crédit sur son esprit, il l'y obligea effectivement.

Artigny avoua au Roi la vérité de son aventure. Le Roi fut touché de sa confiance : il profita depuis des bonnes dispositions qu'elle lui avoit avouées ; et, quoique ce fût une personne d'un très-médiocre mérite, il l'a toujours bien traitée depuis et a fait sa fortune comme nous le dirons ci-après (2).

Madame et le Roi se raccommodèrent. On dansa pendant l'hiver un joli ballet (3). La Reine ignoroit toujours que le Roi fût amoureux de La Vallière, et croyoit que c'étoit de Madame.

Monsieur étoit extrêmement jaloux du prince de

Charles de Sainte-Maure, marquis de Salles, puis duc de Montausier, première dame d'honneur de la reine

(1) Suzanne-Charlotte de Gramont, marquise de Saint-Chaumont, tante de M de Guiche, préferée à madame de Motteville comme gouvernante des enfants de Monsieur. Elle fut remplacee dans cette charge par la marechale de Clerembaut. Madame de Saint-Chaumont mourut le 31 juillet 1688.

(2) Elle ne l'a pas dit.

(3) Le ballet royal des Arts, 8 janvier 1663.

Marsillac (1), aîné du duc de La Rochefoucauld, et il l'étoit d'autant plus qu'il avoit pour lui une inclination naturelle qui lui faisoit croire que tout le monde devoit l'aimer.

Marsillac, en effet, étoit amoureux de Madame ; il ne le lui faisoit paroître que par ses yeux ou par quelques paroles jetées en l'air, qu'elle seule pouvoit entendre. Elle ne répondoit point à sa passion ; elle étoit fort occupée de l'amitié que Vardes avoit pour elle, qui tenoit plus de l'amour que de l'amitié ; mais comme il étoit embarrassé de ce qu'il devoit au comte de Guiche et qu'il étoit partagé par l'engagement qu'il avoit avec la comtesse de Soissons, il étoit fort incertain de ce qu'il devoit faire et ne savoit s'engager entièrement avec Madame, ou demeurer seulement son ami.

Monsieur fut si jaloux de Marsillac qu'il l'obligea de s'en aller chez lui. Dans le temps qu'il partit, il arriva une aventure qui fit beaucoup d'éclat, et dont la vérité fut cachée pendant quelque temps.

Au commencement du printemps (2), le Roi alla

(1) François VII, prince de Marsillac, duc de la Rochefoucauld, fils aîné de François VI, duc de la Rochefoucauld, auteur des *Maximes*. François VII, né en 1634, était grand maître de la garde-robe et grand veneur de France.

(2) De 1663.

passer quelques jours à Versailles. La rougeole lui prit, dont il fut si mal qu'il pensa aux ordres qu'il devoit donner à l'État ; et il résolut de mettre monseigneur le Dauphin entre les mains du prince de Conti (1), que la dévotion avoit rendu un des plus honnêtes hommes de France. Cette maladie ne fut dangereuse que pendant vingt-quatre heures ; mais, quoiqu'elle le fût pour ceux qui la pouvoient prendre, tout le monde ne laissa pas d'y aller.

M. le Duc (2) y fut et prit la rougeole; Madame y alla aussi, quoiqu'elle la craignît beaucoup. Ce fut là que Vardes, pour la première fois, lui parla assez clairement de la passion qu'il avoit pour elle. Madame ne le rebuta pas entièrement : il est difficile de maltraiter un confident aimable quand l'amant est absent.

Madame de Châtillon, qui approchoit alors Madame de plus près qu'aucune autre, s'étoit aperçue de l'in-

(1) Armand de Bourbon, prince de Conti, frère du grand Condé, mort le 9 novembre 1685. « Il est le fils d'un saint et d'une sainte, il est sage naturellement, et par suite de pensées emmanchées à gauche, il joue le fou et le débauché et meurt sans confession, et sans avoir eu un seul moment, non-seulement pour Dieu, mais pour lui, car il n'a pas eu la moindre connoissance. » (*Madame de Sévigné*, 24 novembre 1685.)

(2) Henri-Jules de Bourbon, duc d'Enghien, puis prince de Condé, fils du grand Condé. On l'appela Monsieur le Duc jusqu'à la mort de son père, puis Monsieur le Prince.

clination que Vardes avoit pour elle ; et, quoiqu'ils eussent été brouillés ensemble après avoir été fort bien, elle se raccommoda avec lui, moitié pour entrer dans la confidence de Madame, moitié pour le plaisir de voir souvent un homme qui lui plaisoit fort.

Le comte Du Plessis (1), premier gentilhomme de la chambre de Monsieur, par une complaisance extraordinaire pour Madame, avoit toujours été porteur des lettres qu'elle écrivoit à Vardes et de celles que Vardes lui écrivoit ; et, quoiqu'il dût bien juger que ce commerce regardoit le comte de Guiche, et ensuite Vardes même, il ne laissa pas de continuer.

Cependant Montalais étoit toujours comme prisonnière à Fontevrault. Malicorne et un appelé Corbinelli (2), qui étoit un garçon d'esprit et de mérite, et qui s'étoit trouvé dans la confidence de Montalais, avoient entre les mains toutes les lettres dont elle avoit été

(1) Alexandre de Choiseul, comte du Plessis-Praslin, fils de César de Choiseul, maréchal de France, et de Colombe Le Charron, tué devant Arnheim, en 1672.

(2) Jean Corbinelli, l'ami de madame de Sévigné. L'auteur de l'*Histoire d'Henriette d'Angleterre* le connaissait bien. Madame de Sévigne nous apprend qu'il dîna avec elle chez madame de la Fayette le jeudi 3 fevrier 1689, et qu'on y mangea « des perdrix d'Auvergne et des poulardes de Caen » En 1678, il ecrivit à Bussy « J'ai lu vos reflexions sur la *Princesse de Clèves*, Monsieur. Je les ai trouvées excellentes et pleines de bon sens. » Or, plusieurs invraisemblances sont relevées dans ces réflexions. Mais la première partie (le 1er volume) y est traitee « d'admirable. » (*Lettre* du 29 juin 1678.)

dépositaire ; et ces lettres étoient d'une conséquence extrême pour le comte de Guiche et pour Madame ; parce que, pendant qu'il étoit à Paris, comme le Roi ne l'aimoit pas naturellement, et qu'il avoit cru avoir des sujets de s'en plaindre, il ne s'étoit point ménagé en écrivant à Madame, et s'étoit abandonné à beaucoup de plaisanteries et de choses offensantes contre le Roi. Malicorne et Corbinelli, voyant Montalais si fort oubliée, et craignant que le temps ne diminuât l'importance des lettres qu'ils avoient entre les mains, résolurent de voir s'ils ne pourroient pas en tirer quelque avantage pour Montalais, dans un temps où l'on ne pouvoit l'accuser d'y avoir part.

Ils firent donc parler de ces lettres à Madame par la Mère de La Fayette, supérieure de Chaillot; et l'on fit aussi entendre au maréchal de Gramont qu'il devoit songer aux intérêts de Montalais, puisqu'elle avoit entre ses mains des secrets si considérables.

Vardes connoissoit fort Corbinelli; Montalais lui avoit dit l'amitié qu'elle avoit pour lui; et, comme le dessein de Vardes étoit de se rendre maître des lettres, il ménageoit fort Corbinelli et tâchoit de l'engager à ne les faire rendre que par lui.

Il sut par Madame que d'autres personnes lui proposoient de les lui faire rendre ; il vint trouver Corbinelli comme un désespéré, et Corbinelli, sans lui avouer que c'étoit par lui que les propositions s'étoient faites, promit à Vardes que les lettres ne passeroient que par ses mains.

Lorsque Marsillac avoit été chassé, Vardes, dont les intentions étoient déjà de brouiller entièrement le comte de Guiche avec Madame, avoit écrit au comte qu'elle avoit une galanterie avec Marsillac. Le comte de Guiche, trouvant que ce que lui mandoit son meilleur ami et l'homme de la Cour qui voyoit Madame de plus près s'accordoit avec les bruits qui couroient, ne douta point qu'ils ne fussent véritables et écrivit à Vardes, comme persuadé de l'infidélité de Madame.

Quelque temps auparavant, Vardes, pour se faire un mérite auprès de Madame, lui dit qu'il falloit aussi retirer les lettres que le comte de Guiche avoit d'elle. Il écrivit au comte de Guiche que, puisqu'on trouvoit moyen de retirer celles qu'il avoit écrites à Madame, il falloit qu'on lui rendît celles qu'il avoit d'elle. Le comte de Guiche y consentit sans peine et manda à sa mère de remettre entre les mains de Vardes une cassette qu'il lui avoit laissée.

Tout ce commerce pour faire rendre les lettres fit trouver à Vardes et à Madame une nécessité de se voir;

et la Mère de La Fayette, croyant qu'il ne s'agissoit que de rendre des lettres, consentit que Vardes vînt secrètement à un parloir de Chaillot parler à Madame. Ils eurent une fort longue conversation, et Vardes dit à Madame que le comte de Guiche étoit persuadé qu'elle avoit une galanterie avec Marsillac; il lui montra même les lettres que le comte de Guiche lui écrivoit, où il ne paroissoit pas néanmoins que ce fût lui qui eût donné l'avis ; et là-dessus il disoit tout ce que peut dire un homme qui veut prendre la place de son ami; et, comme l'esprit et la jeunesse de Vardes le rendoient très-aimable et que Madame avoit une inclination pour lui plus naturelle que pour le comte de Guiche, il étoit difficile qu'il ne fît pas quelque progrès dans son esprit.

Ils résolurent, dans cette entrevue, qu'on retireroit ses lettres qui étoient entre les mains de Montalais. Ceux qui les avoient les rendirent en effet, mais ils gardèrent toutes celles qui étoient d'importance. Vardes les rendit à Madame chez la comtesse de Soissons, avec celles qu'elle avoit écrites au comte de Guiche, et elles furent brûlées à l'heure même.

Quelques jours après, Madame et Vardes convinrent ensemble de se voir encore à Chaillot ; Madame y alla, mais Vardes n'y fut pas et s'excusa sur de très-méchantes raisons. Il se trouva que le Roi avoit su la première entrevue ; et soit que Vardes même le lui eût dit et qu'il crût que le Roi n'en approuveroit pas une seconde, soit qu'il craignît la comtesse de Soissons, enfin il n'y alla pas. Madame en fût extrêmement indignée ; elle lui écrivit une lettre où il y avoit beaucoup de hauteur et de chagrin, et ils furent brouillés quelque temps.

La Reine mère fut malade pendant la plus grande partie de l'été ; cela fut cause que la Cour ne quitta Paris qu'au mois de juillet. Le Roi en partit (1) pour prendre Marsal (2) ; tout le monde le suivit. Marsillac, qui n'avoit eu qu'un avis de s'éloigner et qui n'en avoit point d'ordre, revint et suivit le Roi.

Comme Madame vit que le Roi iroit en Lorraine et qu'il verroit le comte de Guiche, elle craignit qu'il n'avouât au Roi le commerce qu'ils avoient ensemble et elle lui manda que, s'il lui en disoit quelque chose, elle ne le verroit jamais. Cette lettre n'arriva qu'après que le Roi eut parlé au comte de Guiche et qu'il lui eut avoué tout ce que Madame lui avoit caché.

Le Roi le traita si bien pendant ce voyage que tout le monde en fut surpris. Vardes, qui savoit ce que

(1) Le 25 août 1663.
(2) Marsal, place forte de Lorraine, cédée à la France en 1663

Madame avoit écrit au comte de Guiche, fit semblant d'ignorer qu'il n'avoit pas reçu la lettre ; il manda à Madame que la nouvelle faveur du comte de Guiche l'avoit tellement ébloui qu'il avoit tout avoué au Roi.

Madame fut fort en colère contre le comte de Guiche ; et, ayant un si juste sujet de rompre avec lui, et peut-être ayant d'ailleurs envie de le faire, elle lui écrivit une lettre pleine d'aigreur, et rompit avec lui, en lui défendant de jamais nommer son nom.

Le comte de Guiche, après la prise de Marsal, n'ayant plus rien à faire en Lorraine, avoit demandé au Roi la permission de s'en aller en Pologne. Il avoit écrit à Madame tout ce qui la pouvoit adoucir sur sa faute ; mais Madame ne voulut pas recevoir ses excuses et lui écrivit cette lettre de rupture dont je viens de parler. Le comte de Guiche la reçut lorsqu'il étoit prêt à s'embarquer ; et il en eut un si grand désespoir, qu'il eût souhaité que la tempête, qui s'élevoit dans le moment, lui donnât lieu de finir sa vie. Son voyage fut néanmoins très-heureux : il fit des actions extraordinaires ; il s'exposa à de grands périls dans la guerre contre les Moscovites et y reçut même un coup dans l'estomac qui l'eût tué sans doute, sans un portrait de Madame qu'il portoit dans une fort grosse boîte qui reçut le coup et qui en fut toute brisée.

Vardes étoit assez satisfait de voir le comte de Guiche si éloigné de Madame en toute façon. Marsillac étoit le seul rival qui lui restât à combattre ; et, quoique Marsillac lui eût toujours nié qu'il fût amoureux de Madame, quelque offre de l'y servir qu'il lui eût pu faire, il sut si bien le tourner et de tant de côtés, qu'il le lui fit avouer ; ainsi il se trouva le confident de son rival.

Comme il étoit intime ami de M. de La Rochefoucauld, à qui la passion de son fils pour Madame déplaisoit infiniment, il engageoit Monsieur à ne point faire de mal à Marsillac. Néanmoins, au retour de Marsal, comme on étoit à une assemblée, il reprit un soir à Monsieur une jalousie sur Marsillac. Il appela Vardes pour lui en parler ; et Vardes, pour lui faire sa cour et pour faire chasser Marsillac, lui dit qu'il s'étoit aperçu de la manière dont Marsillac avoit regardé Madame et qu'il en alloit avertir M. de La Rochefoucauld.

Il est aisé de juger que l'approbation d'un homme comme Vardes, qui étoit ami de Marsillac, n'augmenta pas peu la mauvaise humeur de Monsieur, et il voulut encore que Marsillac se retirât. Vardes vint trouver M. de La Rochefoucauld et lui conta assez malignement ce qu'il avoit dit à Monsieur, qui le conta aussi à

M. de La Rochefoucauld. Vardes et lui furent prêts à se brouiller entièrement, et d'autant plus que La Rochefoucauld sut alors que son fils avoit avoué sa passion pour Madame.

Marsillac partit de la Cour, et, passant par Moret, où étoit Vardes, il ne voulut point d'éclaircissement avec lui ; mais depuis ce temps-là ils n'eurent plus que des apparences l'un pour l'autre.

Cette affaire fit beaucoup de bruit, et l'on n'eût pas de peine à juger que Vardes étoit amoureux de Madame. La comtesse de Soissons commença même à en avoir de la jalousie ; mais Vardes la ménagea si bien que rien n'éclata.

Nous avons laissé Vardes content d'avoir fait chasser Marsillac et de savoir le comte de Guiche en Pologne. Il lui restoit deux personnes qui l'incommodoient encore et qu'il ne vouloit pas qui fussent des amis de Madame. LeRoi en étoit un ; l'autre étoit Gondrin (1), archevêque de Sens.

Il se défit bientôt du dernier, en lui disant que le Roi le croyoit amoureux de Madame et qu'il avoit fait la plaisanterie de dire qu'il faudroit bientôt envoyer

(1) Louis-Henri de Pardaillan de Gondrin, sacré coadjuteur en 1645, archevêque de Sens du 16 août 1646 au 19 septembre 1674 il était oncle du marquis de Montespan.

un archevêque à Nancy. Cela lui fit gagner son diocèse, d'où il revenoit rarement.

Il se servit aussi de cette même plaisanterie pour dire à Madame que le Roi la haissoit et qu'elle devoit s'assurer de l'amitié du Roi, son frère, afin qu'il pût la défendre contre la mauvaise volonté de l'autre. Madame lui dit qu'elle en étoit assurée. Il l'engagea à lui faire voir les lettres que son frère lui écrivoit; elle le fit, et il s'en fit valoir auprès du Roi, en lui dépeignant Madame comme une personne dangereuse, mais que le crédit qu'il avoit sur elle l'empêcheroit de rien faire mal à propos.

Il ne laissa pourtant pas, dans le temps qu'il faisoit de telles trahisons à Madame, de paroître s'abandonner à la passion qu'il disoit avoir pour elle, et de lui dire tout ce qu'il savoit du Roi. Il la pria même de lui permettre de rompre avec la comtesse de Soissons, ce qu'elle ne voulut pas souffrir; car, quoiqu'elle eût assurément trop d'indulgence pour sa passion, elle ne laissoit pas d'entrevoir que son procédé n'étoit pas sincère, et cette pensée empêcha Madame de s'engager; elle se brouilla même avec lui très-peu de temps après.

Dans ce même temps, madame de Meckelbourg (1)

(1) Isabelle-Angélique de Montmorency Bouteville, veuve de Gaspard de Coligny, duc de Châtillon, mariée en secondes noces à

et madame de Montespan étoient les deux personnes qui paraissoient le mieux avec Madame. La dernière étoit jalouse de l'autre; et, cherchant pour la détruire tous les moyens possibles, elle rencontra celui que je vais dire. Madame d'Armagnac (1) étoit alors en Savoie, où elle avoit conduit madame de Savoie (2). Monsieur pria Madame de la mettre, à son retour, de toutes les parties de plaisir qu'elle feroit: Madame y consentit, quoiqu'il lui parût que madame d'Armagnac cherchoit plutôt à s'en retirer. Madame de Meckelbourg dit à Madame qu'elle en savoit la raison : elle lui conta que, dans le temps du mariage de madame d'Armagnac, elle avoit une affaire réglée avec Vardes, et que, désirant de retirer de lui ses lettres, il lui avoit dit qu'il ne les lui rendroit que quand il seroit assuré qu'elle n'aimeroit personne.

Avant que d'aller en Savoie, elle avoit fait une tentative pour les ravoir, à laquelle il avoit résisté, disant qu'elle aimoit Monsieur; ce qui lui faisoit appréhender de se trouver chez Madame, de peur de l'y rencontrer.

Christian-Louis, duc régnant de Mecklembourg. Madame de Sévigné écrit, comme madame de La Fayette, *Meckelbourg*.

(1) Catherine de Neufville, mariée, en 1660, à Louis de Lorraine, comte d'Armagnac, grand écuyer de France.

(2) Françoise-Madeleine d'Orléans, fille de Gaston, première femme (en 1663) de Charles-Emmanuel II, duc de Savoie.

Madame résolut, sachant cela, de redemander à Vardes ses lettres pour les lui rendre, afin qu'elle n'eût plus rien à ménager. Madame le dit à madame de Montespan, qui l'en loua, mais qui s'en servit pour lui jouer la pièce la plus noire qu'on puisse s'imaginer.

En ce même temps, M. le Grand (1) aimoit Madame; et, quoiqu'il le lui fît connoître très-grossièrement, il crut que, puisqu'elle n'y répondoit pas, elle ne le comprenoit point. Cela lui fit prendre la résolution de lui écrire ; mais, ne se trouvant pas assez d'esprit, il pria M. de Luxembourg (2) et l'archevêque de Sens de faire la lettre, qu'il vouloit mettre dans la poche de Madame au Val-de-Grâce, afin qu'elle ne la pût refuser. Ils ne jugèrent pas à propos de le faire et avertirent Madame de son extravagance. Madame les pria de faire en sorte qu'il ne pensât plus à elle, et en effet ils y réussirent.

Mais madame d'Armagnac, revenant de Savoie, se trouva fort jalouse. Madame de Montespan lui dit qu'elle avoit raison de l'être, et, pour la prévenir, alla

(1) M. le Grand, c'est-à-dire M. le grand écuyer, le comte d'Armagnac.

(2) François-Henri de Montmorency, duc de Luxembourg, né en janvier 1628, à Paris, maréchal de France en 1675, mort, à Versailles, le 4 janvier 1695.

[stamp]

au devant d'elle lui conter que Madame vouloit avoir ses lettres pour lui faire du mal, et, qu'à moins qu'elle ne perdît madame de Meckelbourg, on la perdroit elle-même. Madame d'Armagnac, qui employoit volontiers le peu d'esprit qu'elle avoit à faire du mal, conclut avec madame de Montespan qu'il falloit perdre madame de Meckelbourg. Elles y travaillèrent auprès de la Reine mère par madame de Beauvais (1), et auprès de Monsieur, en lui représentant que madame de Meckelbourg avoit trop méchante réputation pour la laisser auprès de Madame.

Elle, de son côté, voulut faire tant de finesses qu'elle acheva de se détruire, et Monsieur lui défendit de voir Madame. Madame, au désespoir de l'affront qu'une de ses amies recevoit, défendit à mesdames de Montespan et d'Armagnac de se présenter devant elle. Elle voulut même obliger Vardes à menacer cette dernière, en lui disant que, si elle ne faisoit revenir madame de Meckelbourg, il remettroit entre ses mains les lettres en question; mais, au lieu de le faire, il se fit valoir de la proposition, ce qui fortifia Madame

(1) Madame de Beauvais, femme de chambre de la reine mère Elle n'avait aucune alliance avec la famille de la Cropte de Beauvais dont était Urame, femme de chambre de Madame. Le texte de 1720 porte : « M. de Beauvais » ; c'est une faute que A. Bazin a corrigée.

dans la pensée qu'elle avoit que c'étoit un grand fourbe.

Monsieur l'avoit aussi découvert par des redites qu'il avoit faites entre le Roi et lui ; ainsi il n'osa plus venir chez Madame que rarement; et, voyant que Madame, dans ses lettres, ne lui rendoit pas compte des conversations fréquentes qu'elle avoit avec le Roi, il commença à croire que le Roi devenoit amoureux d'elle, ce qui le mit au désespoir.

Dans le même temps, on sut, par des lettres de Pologne, que le comte de Guiche, après avoir fait des actions extraordinaires de valeur, étoit réduit, avec l'armée de Pologne, dans un état d'où il n'étoit pas possible de se sauver (1). L'on conta cette nouvelle au souper du Roi ; Madame en fut si saisie, qu'elle fut heureuse que l'attention que tout le monde avoit pour la relation empêchât de remarquer le trouble où elle étoit.

Madame sortit de table ; elle rencontra Vardes et lui dit : « Je vois bien que j'aime le comte de Guiche plus que je ne pense » Cette déclaration, jointe aux soupçons qu'il avoit du Roi, lui fit prendre la résolution de changer de manière d'agir avec Madame.

(1) Mars 1664

Je crois qu'il eût rompu incontinent avec elle, si des considérations trop fortes ne l'eussent retenu. Il lui fit des plaintes sur les deux sujets qu'il en avoit. Madame lui répondit en plaisantant que, pour le Roi, elle lui permettoit le personnage de Chabanes (1); et que, pour le comte de Guiche, elle lui apprendroit combien il avoit fait de choses pour le brouiller avec elle, s'il ne souffroit qu'elle lui fît part de ce qu'elle sentoit pour lui. Il manda ensuite à Madame qu'il commençoit à sentir que la comtesse de Soissons ne lui étoit pas indifférente. Madame lui répondit que son nez l'incommoderoit trop dans son lit pour qu'il lui fût possible d'y demeurer ensemble. Depuis ce temps-là l'intelligence de Madame et de Vardes étoit fondée plutôt sur la considération que sur aucune des raisons qui l'avoient fait naître.

L'on alla cet été à Fontainebleau. Monsieur, ne pouvant souffrir que ses deux amies, mesdames d'Armagnac et de Montespan, fussent exclues de toutes les parties de plaisir, par la défense que Madame leur avoit faite de paroître en sa présence, consentit que madame de

(1) Dans la *Princesse de Montpensier*, de madame de La Fayette, le comte de Chabanes, amoureux de la princesse, la sert pourtant dans ses amours avec un rival. L'édition de 1720 porte : « chabanier », ce qui est un non sens que A. Bazin a corrigé très-heureusement par conjecture

Meckelbourg reverroit Madame ; et elles le firent toutes trois avant que la Cour partît de Paris ; mais les deux premières ne rentrèrent jamais dans les bonnes grâces de Madame, surtout madame de Montespan.

L'on ne songea qu'à se divertir à Fontainebleau; et, parmi toutes les fêtes, la dissension des dames faisant toujours quelques affaires, celle qui fit le plus de bruit vint d'un médianoche (1) où le Roi pria Madame d'assister (2). Cette fête devoit se donner sur le canal, dans un bateau fort éclairé, et accompagné d'autres où étoient les violons et la musique.

Jusqu'à ce jour la grossesse de Madame l'avoit empêchée d'être des promenades ; mais, se trouvant dans le neuvième mois, elle fut de toutes. Elle pria le Roi d'en exclure mesdames d'Armagnac et de Montespan ; mais Monsieur, qui croyoit l'autorité d'un mari choquée par l'exclusion qu'on donnoit à ses amies, déclara qu'il ne se trouveroit pas aux fêtes où ces dames ne seroient pas.

La Reine mère, qui continuoit à haïr Madame, le fortifia dans cette résolution et s'emporta fort contre

(1) Bazin a corrigé à tort le texte pour mettre « une medianoche » et plus loin « de la medianoche. » Sur le genre de ce mot cf. madame de Sévigné, lettre du 26 avril 1671.

(2) 15 mai 1664.

le Roi, qui prenoit le parti de Madame. Elle eut le dessus néanmoins, et les dames ne furent point du médianoche, dont elles pensèrent enrager.

La comtesse de Soissons, qui depuis longtemps avoit été jalouse de Madame jusqu'à la folie, ne laissoit pas de vivre bien avec elle. Un jour qu'elle étoit malade, elle pria Madame de l'aller voir ; et, voulant être éclaircie de ses sentimens pour Vardes, après lui avoir fait beaucoup de protestations d'amitié, elle reprocha à Madame le commerce que depuis trois ans elle avoit avec Vardes à son insu ; que, si c'étoit galanterie, c'étoit lui faire un tour bien sensible; et que, si ce n'étoit qu'amitié, elle ne comprenoit pas pourquoi Madame vouloit la lui cacher, sachant combien elle étoit attachée à ses intérêts.

Comme Madame aimoit extrêmement à tirer ses amies d'embarras, elle dit à la Comtesse qu'il n'y avoit jamais eu dans le cœur de Vardes aucun sentiment dont elle pût se plaindre. La Comtesse pria Madame, puisque cela étoit, de dire devant Vardes qu'elle ne vouloit plus de commerce avec lui que par elle. Madame y consentit. On envoya quérir Vardes dans le moment ; il fut un peu surpris ; mais, quand il vit qu'au lieu de chercher à le brouiller Madame prenoit toutes les fautes sur elle, il vint la remercier et l'assura qu'il lui seroit toute sa vie redevable des marques de sa générosité.

Mais la comtesse de Soissons, craignant toujours qu'on ne lui eût fait quelque finesse, tourna tant Vardes qu'il se coupa sur deux ou trois choses. Elle en parla à Madame pour s'éclaircir et lui apprit que Vardes lui avoit fait une insigne trahison auprès du Roi, en lui montrant les lettres du roi d'Angleterre.

Madame ne s'emporta pourtant pas contre Vardes ; elle soutint toujours qu'il étoit innocent envers la Comtesse, quoiqu'elle fût très-malcontente de lui; mais elle ne vouloit pas paroître menteuse, et il falloit le paroître pour dire la vérité.

La Comtesse dit pourtant tout le contraire à Vardes, ce qui acheva de lui tourner la tête : il lui avoua tout, et comment il n'avoit tenu qu'à Madame qu'il ne l'eût vue de toute sa vie. Jugez dans quel désespoir fut la Comtesse ! Elle envoya prier Madame de l'aller voir. Madame la trouva dans une douleur inconcevable des trahisons de son amant. Elle pria Madame de lui dire la vérité et lui dit qu'elle voyoit bien que la raison qui l'en avoit empêchée étoit une bonté pour Vardes, que ses trahisons ne méritoient pas.

Sur cela, elle conta à Madame tout ce qu'elle savoit et, dans cette confrontation qu'elles firent entre elles,

elles découvrirent des tromperies qui passent l'imagination. La Comtesse jura qu'elle ne verroit Vardes de sa vie; mais que ne peut une violente inclination Vardes joua si bien la comédie qu'il l'apaisa.

QUATRIÈME PARTIE

DANS ce temps le comte de Guiche revint de Pologne (1). Monsieur souffrit qu'il revînt à la Cour, mais il exigea de son père qu'il ne se trouveroit pas dans les lieux où se trouveroit Madame. Il ne laissoit pas de la rencontrer souvent et de l'aimer en la revoyant, quoique l'absence eût été longue, que Madame eût rompu avec lui et qu'il fût incertain de ce qu'il devoit croire de l'affaire de Vardes.

Il ne savoit plus de moyen de s'éclaircir avec

(1) Juin 1664.

Madame ; Dodoux, qui étoit le seul homme en qui il se fioit, n'étoit pas à Fontainebleau ; et ce qui acheva de le mettre au désespoir fut que, comme Madame savoit que le Roi étoit instruit des lettres qu'elle lui avoit écrites à Nancy et du portrait qu'il avoit d'elle, elle les lui fit redemander par le Roi même, à qui il les rendit avec toute la douleur possible et toute l'obéissance qu'il a toujours eue pour les ordres de Madame.

Cependant Vardes, qui se sentoit coupable envers son ami, lui embrouilla tellement les choses, qu'il lui pensa faire tourner la tête. Tous ses raisonnemens lui faisoient connoître qu'il étoit trompé ; mais il ignoroit si Madame avoit part à la tromperie, ou si Vardes seul étoit coupable. Son humeur violente ne le pouvant laisser dans cette inquiétude, il résolut de prendre madame de Meckelbourg pour juge, et Vardes la lui nomma comme un témoin de sa fidélité ; mais il ne le voulut qu'à condition que Madame y consentiroit.

Il lui en écrivit par Vardes pour l'en prier. Madame étoit accouchée de monsieur de Valois (1) et ne

(1) Philippe-Charles, duc de Valois, né le 16 juillet 1664, mort le 8 décembre de la même année. Le texte de 1720 porte fautivement : « mademoiselle de Valois. »

voyoit encore personne ; mais Vardes lui demanda une audience avec tant d'instance, qu'elle la lui accorda. Il se jeta d'abord à genoux devant elle ; il se mit à pleurer et à lui demander grâce, lui offrant de cacher, si elle vouloit être de concert avec lui, tout le commerce qui avoit été entre eux.

Madame lui déclara qu'au lieu d'accepter cette proposition elle vouloit que le comte de Guiche sût la vérité ; que, comme elle avoit été trompée et qu'elle avoit donné dans des panneaux dont personne n'auroit pu se défendre, elle ne vouloit pas d'autre justification que la vérité, au travers de laquelle on verroit que ses bontés, entre les mains de tout autre que lui, n'auroient pas été tournées comme elles l'avoient été.

Il voulut ensuite lui donner la lettre du comte de Guiche ; mais elle la refusa, et elle fit très-bien, car Vardes l'avoit déjà montrée au Roi et lui avoit dit que Madame le trompoit.

Il pria encore Madame de nommer quelqu'un pour les accommoder ; elle consentit, pour empêcher qu'ils ne se battissent, que la paix se fît chez madame de Meckelbourg ; mais Madame ne vouloit pas qu'il parût que cette entrevue se fît de son consentement. Vardes, qui avoit espéré toute autre chose, fut dans un désespoir nonpareil ; il se cognoit la tête contre les murailles, il pleuroit et faisoit toutes les extravagances possibles. Mais Madame tint ferme et ne se relâcha point, dont bien lui prit.

Quand Vardes fut sorti, le Roi arriva. Madame lui conta comment la chose s'étoit passée, dont le Roi fut si content qu'il entra en éclaircissement avec elle, et lui promit de l'aider à démêler les fourberies de Vardes, qui se trouvèrent si excessives qu'il seroit impossible de les définir.

Madame se tira de ce labyrinthe en disant toujours la vérité, et sa sincérité la maintint auprès du Roi.

Le comte de Guiche cependant étoit très affligé de ce que Madame n'avoit pas voulu recevoir sa lettre ; il crut qu'elle ne l'aimoit plus, et il prit la résolution de voir Vardes chez madame de Meckelbourg, pour se battre contre lui. Elle ne les voulut point recevoir, de sorte qu'ils demeurèrent dans un état dont on attendait tous les jours quelque éclat horrible.

Le Roi retourna en ce temps à Vincennes. Le comte de Guiche, qui ne savoit dans quels sentimens Madame étoit pour lui, ne pouvant plus demeurer dans cette incertitude, résolut de prier la comtesse de Gramont (1),

(1) Elisabeth Hamilton, épousa, en Angleterre, en mars 1664, Philibert chevalier, puis comte de Gramont frère du maréchal et oncle du comte de Guiche

qui étoit Angloise, de parler à Madame, et il l'en pressa tant qu'elle y consentit ; son mari même se chargea d'une lettre qu'elle ne voulut pas recevoir. Madame lui dit que le comte de Guiche avoit été amoureux de mademoiselle de Grancey (1), sans lui avoir fait dire que c'étoit un prétexte ; qu'elle se trouvoit heureuse de n'avoir point d'affaires avec lui et que, s'il eût agi autrement, son inclination et la reconnoissance l'auroient fait consentir, malgré les dangers auxquels elle s'exposoit, à conserver pour lui les sentimens qu'il auroit pu désirer.

Cette froideur renouvela tellement la passion du comte de Guiche, qu'il étoit tous les jours chez la comtesse de Gramont, pour la prier de parler à Madame en sa faveur ; enfin le hasard lui donna occasion de lui parler à elle-même plus qu'il ne l'espéroit.

Madame de la Vieuville (2) donna un bal chez elle (3). Madame fit partie pour y aller en masque

(1) Jacques Rouxel, comte de Grancey, maréchal de France, eut, de son mariage avec sa seconde femme, Charlotte de Mornay, deux filles que madame de Sevigné nomme *les Anges*, l'aînée Elisabeth, connue sous le nom de comtesse de Grancey, morte en 1711, à cinquante-huit ans (c'est de celle-ci qu'il s'agit) ; l'autre, Marie-Louise, mariée en 1665 au comte de Marey, veuve en 1668.

(2) Françoise-Marie de Vienne, comtesse de Chateauvieux, femme, en 1649 de Charles IV, duc de la Vieuville, morte en 1669.

(3) Le 7 janvier 1665.

avec Monsieur; et, pour n'être pas reconnue, elle fit habiller magnifiquement ses filles, et quelques dames de sa suite et elle, avec Monsieur, allèrent avec des capes dans un carrosse emprunté.

Ils trouvèrent à la porte une troupe de masques. Monsieur leur proposa, sans les connoître, de s'associer à eux et en prit un par la main ; Madame en fit autant. Jugez quelle fut sa surprise quand elle trouva la main estropiée du comte de Guiche, qui reconnut aussi les sachets dont les coiffes de Madame étoient parfumées. Peu s'en fallut qu'ils ne jetassent un cri tous les deux, tant cette aventure les surprit

Ils étoient l'un et l'autre dans un si grand trouble qu'ils montèrent l'escalier sans se rien dire. Enfin le comte de Guiche ayant reconnu Monsieur et ayant vu qu'il s'étoit allé asseoir loin de Madame, s'étoit mis à ses genoux, et eut le temps non-seulement de se justifier, mais d'apprendre de Madame tout ce qui s'étoit passé pendant son absence. Il eut beaucoup de douleur qu'elle eût écouté Vardes ; mais il se trouva si heureux de ce que Madame lui pardonnoit sa ravauderie avec mademoiselle de Grancey, qu'il ne se plaignit pas.

Monsieur rappela Madame, et le comte de Guiche, de peur d'être reconnu, sortit le premier ; mais le hasard, qui l'avoit amené en ce lieu, le fit amuser au bas du degré. Monsieur étoit un peu inquiet de la conversation que Madame avoit eue ; elle s'en aperçut, et la crainte d'être questionnée fit que le pied lui manqua, et du haut de l'escalier elle alla bronchant jusqu'en bas, où étoit le comte de Guiche, qui en la retenant l'empêcha de se tuer, car elle étoit grosse (1).

Toutes choses sembloient, comme vous voyez, aider à son raccommodement ; aussi s'acheva-t-il. Madame reçut ensuite de ses lettres, et, un soir que

(1) Elle accoucha, le 9 juillet 1665, d'une fille qui ne vécut pas. « La Cour alla à Saint-Germain et faisoit souvent des voyages à Versailles. Madame s'y blessa, et y accoucha d'une fille qui étoit morte il y avoit déjà dix ou douze jours ; elle étoit quasi pourrie ; ce fut une femme de Saint-Cloud qui la servit l'on n'eut pas le temps d'aller à Paris en chercher une. On éveilla le Roi, et l'on fit chercher le curé de Versailles, pour voir si cette fille étoit en état d'être baptisée. Madame de Thianges lui dit de prendre garde à ce qu'il feroit qu'on ne refusoit jamais le baptême aux enfans de cette qualité. Monsieur, à la persuasion de l'evêque de Valence, vouloit qu'on l'enterrât à Saint-Denis. J'étois à Paris ; j'allai droit à Versailles pour rendre ma visite à Madame. Dès le même soir Monsieur alla coucher à Saint-Germain, où je trouvai la Reine affligée de ce que cette fille n'avoit pas été baptisée, et blâmoit Madame d'en être cause par toutes les courses qu'elle avoit faites sans songer qu'elle étoit grosse. Madame disoit qu'elle ne s'étoit blessée que de l'inquiétude qu'elle avoit eue que le duc d'York n'eût été tué, parce qu'on lui avoit parlé d'une bataille qu'il venoit de donner sur mer, sans lui dire s'il en étoit revenu. On laissa Madame dès le même jour de ses couches, parce que la Reine mère d'Angleterre arrivoit et qu'on vouloit lui laisser le logement de Versailles. » (*Mémoires de mademoiselle de Montpensier*, collect. Petitot, t. XLIII, p. 87)

Monsieur étoit allé en masque, elle le vit chez la comtesse de Gramont, où elle attendoit Monsieur pour faire médianoche.

Dans ce même temps, Madame trouva occasion de se venger de Vardes. Le chevalier de Lorraine (1) étoit amoureux d'une des filles de Madame qui s'appeloit Fiennes ; un jour qu'il se trouva chez la Reine devant beaucoup de gens, on lui demanda à qui il en vouloit ; quelqu'un répondit que c'étoit à Fiennes. Vardes dit qu'il auroit bien mieux fait de s'adresser à sa maîtresse. Cela fut rapporté à Madame par le comte de Gramont. Elle se le fit raconter par le marquis de Villeroi (2), ne voulant pas nommer l'autre ; et, l'ayant engagé dans la chose aussi bien que le chevalier de Lorraine, elle en fit ses plaintes au roi et le pria de chasser Vardes. Le Roi trouva la punition un peu rude, mais il le promit. Vardes demanda à n'être mis qu'à la Bastille, où tout le monde l'alla voir.

Ses amis publièrent que le Roi avoit consenti avec peine à cette punition et que Madame n'avoit pu le faire chasser. Voyant qu'en effet cela se trouvoit avan-

(1) Philippe, chevalier de Lorraine, frère puîné du comte d'Armagnac, né en 1643.

(2) François de Neufville, marquis puis duc de Villeroi, appelé le *Charmant* par madame de Sevigné, né en 1644.

tageusement pour lui, Madame repria le Roi de l'envoyer à son gouvernement (1) ; ce qu'il lui accorda.

La comtesse de Soissons, enragée de ce que Madame lui ôtoit également Vardes par sa haine et par son amitié, et son dépit ayant augmenté par la hauteur avec laquelle toute la jeunesse de la Cour avoit soutenu que Vardes étoit punissable, elle résolut de s'en venger sur le comte de Guiche.

Elle dit au Roi que Madame avoit fait ce sacrifice au comte de Guiche, et qu'il auroit regret d'avoir servi sa haine, s'il savoit tout ce que le comte de Guiche avoit fait contre lui.

Montalais, qu'une fausse générosité faisoit souvent agir, écrivit à Vardes que, s'il vouloit s'abandonner à sa conduite, elle auroit trois lettres qui pouvoient le tirer d'affaire. Il n'accepta pas le parti, mais la comtesse de Soissons se servit de la connoissance de ces lettres pour obliger le roi à perdre le comte de Guiche. Elle accusa le comte d'avoir voulu livrer Dunkerque aux Anglois (2) et d'avoir offert à

(1) Il alla dans son gouvernement d'Aigues-Mortes, au sortir de la Bastille où il n'était resté que quelques jours On voit par une lettre de Corbinelli à Bussy (23 août 1673) combien son exil fut rigoureux.

(2) Le comte de Guiche fut accusé d'avoir voulu empêcher la vente de Dunkerque qui fut faite par l'Angleterre à la France en 1662

Madame le régiment des gardes (1); elle eut l'imprudence de mêler à tout cela la lettre d'Espagne. Heureusement le Roi parla à Madame de tout ceci. Il lui parut d'une telle rage contre le comte de Guiche et si obligé à la comtesse de Soissons, que Madame se vit dans la nécessité de perdre tous les deux pour ne pas voir la comtesse de Soissons sur le trône, après avoir accablé le comte de Guiche. Madame fit pourtant promettre au Roi qu'il pardonneroit au comte de Guiche si elle lui pouvoit prouver que ses fautes étoient petites en comparaison de celles de Vardes et de la comtesse de Soissons ; le roi le lui promit, et Madame lui conta tout ce qu'elle savoit. Ils conclurent ensemble qu'il chasseroit la comtesse de Soissons et qu'il mettroit Vardes en prison (2). Madame avertit le comte de Guiche en diligence par le maréchal de Gramont et lui conseilla d'avouer sincèrement toutes choses, ayant trouvé que, dans toutes les matières embrouillées, la vérité seule tire les gens d'affaire. Quelque délicat que cela fût, le comte de Guiche en remercia Madame ; et, sur cette affaire, ils n'eurent de commerce que par le maréchal de Gra-

(1) Dont il était colonel.

(2) Vardes fut arrêté à Aigues-Mortes en mars 1665 et mis dans la prison de Montpellier.

mont. La régularité fut si grande de part et d'autre qu'ils ne se coupèrent jamais, et le Roi ne s'aperçut point de ce concert. Il envoya prier Montalais de lui dire la vérité; vous saurez ce détail d'elle (1). Je vous dirai seulement que le Maréchal, qui n'avoit tenu que par miracle une aussi bonne conduite que celle qu'il avoit eue, ne put longtemps se démentir, et son effroi lui fit envoyer son fils en Hollande, qui n'auroit pas été chassé s'il eût tenu bon.

Il en fut si affligé qu'il en tomba malade ; son père ne laissa pas de le presser de partir. Madame ne vouloit pas qu'il lui dît adieu, parce qu'elle savoit qu'on l'observoit et qu'elle n'étoit plus dans cet âge où ce qui étoit périlleux lui paroissoit plus agréable. Mais comme le comte de Guiche ne pouvoit partir sans voir Madame, il se fit faire un habit des livrées de La Vallière, et, comme on portoit Madame en chaise dans le Louvre, il eut la liberté de lui parler. Enfin le jour du départ arriva ; le comte avoit toujours la fièvre, il ne laissa pas de se trouver dans la rue avec son déguisement ordinaire ; mais les forces lui manquèrent quand il fallut prendre le dernier congé. Il tomba évanoui, et Madame resta dans la douleur

(1) Sur ce passage, qui semble bien être une note écrite par Madame, voir le paragraphe I de notre *Préface*.

de le voir dans cet état, au hasard d'être reconnu, ou de demeurer sans secours. Depuis ce temps-là, Madame ne l'a point revu.

Madame de La Fayette quitta la plume sur cette phrase en 1669 et ne la reprit, quinze ans plus tard, que pour faire une relation de la mort de Madame. Il y a de la sorte dans l'Histoire une lacune qui va du printemps de 1665 au fatal été de 1670. Pour la combler, on a pris dans les mémoires d'une autre femme, moins judicieuse et d'un goût moins sûr, mais aussi sincère, aussi vraie que la comtesse de La Fayette, les passages qui se rapportent aux dernières annees de la vie de Madame. Mademoiselle de Montpensier (c'est elle qu'on va entendre) ne recevait pas les confidences d'Henriette; d'ailleurs elle n'eût rien valu pour raconter par le menu d'elégantes galanteries. Elle parle fort en gros des affaires de Madame qu'elle n'aimait ni ne haissait, et ne nous fournit qu'un bien court supplement.

[Il y eut de très grands divertissemens à Versailles (1). *Monsieur et Madame y furent brouillés à cause de M. de Monmouth* (2). *M. le chevalier de Lorraine s'attacha à*

(1) 1668.

(2) *Jacques, fils naturel de Charles II (du moins il était tenu pour tel) et de Lucy Waters, né à Rotterdam le 9 avril 1649, decapité le 15 juillet 1685. Choisy s'étend davantage sur l'accueil que Madame fit à son jeune neveu de la main gauche: « Le duc de Monmouth passa d'Angleterre à la Cour dans ce temps-la* (1667) *C'étoit un prince mieux fait et plus beau qu'il n'étoit aimable L'intérêt que Madame parut prendre a ce prince, qu'elle honoroit du nom de son neveu et auquel elle eut soin d'ordonner les plus magnifiques habits de France, la manière dont il dansoit les contre-danses qu'il apprit à Madame, la familiarité que donne la commodité de parler quelquefois une même langue que les autres n'entendent pas, l'assiduité de ce prince à se trouver aux heures auxquelles Madame étoit visible, les manières de cette princesse toujours charmantes, tout*

Monsieur, devint son favori, logea au Palais-Royal; il eut le malheur de déplaire à Madame...

Je ne revins d'Eu que vers le mois de décembre [1669]. *A mon arrivée à Paris, l'on me dit que Madame y venoit pour dire adieu à madame de Saint-Chaumont, que Monsieur avoit chassée, dont elle étoit au désespoir. Elle étoit gouvernante de Mademoiselle ; on croyoit que son crime étoit d'être tante de M. le comte de Guiche. Madame la mit aux Carmélites de la rue du Bouloy, qui est un établissement nouveau fait par le grand couvent de Saint-Jacques... Madame la maréchale de Clérembault fut mise auprès de Mademoiselle pour être sa gouvernante, à la place de madame de Saint-Chaumont.*

J'allai à Paris un jour dont le soir le Roi fit arrêter le chevalier de Lorraine (1). *Je fus surprise le lendemain matin lorsqu'on me dit que Monsieur et Madame étoient arrivés la nuit, qu'ils s'en alloient à Villers-*

cela fit croire qu'il y avoit entre eux une sorte de jargon dont il n'est que trop aisé de soupçonner ceux qui sont naturellement galans. Le chevalier de Lorraine, dont la faveur auprès de Monsieur subsistoit avec plus d'éclat que jamais, eut le malheur d'être regardé comme celui qui entretenoit les petites divisions qui renaissoient souvent entre Monsieur et Madame .. Le Roi fit ce qu'il put pour empêcher l'éclat que ces divisions préparoient dans sa maison... Il exila pour quelque temps le chevalier de Lorraine, qui se retira en Italie, et le duc de Monmouth repassa en Angleterre. » (Memoires de l'abbé de Choisy, *collection Petitot, t. LXIII, pp.* 397, 398.)

(1) *Janvier* 1669.

Cotterets (1), *que le chevalier de Lorraine étoit arrêté. J'allai au Palais-Royal, où je trouvai Monsieur fort fâché. Il se plaignoit de son malheur, disoit qu'il avoit toujours vécu avec le Roi d'une manière à ne se pas attirer le traitement qu'il venoit de lui faire, qu'il s'en alloit à Villers-Cotterets, qu'il ne pouvoit demeurer à la Cour. Madame témoignoit avoir du chagrin de celui de Monsieur, et me dit : « Je n'ai pas raison d'aimer le chevalier de Lorraine, parce que nous n'étions pas bien ensemble ; il me fait cependant pitié, et j'ai une peine mortelle de celle de Monsieur. » Elle soutenoit ce discours avec un air qui marquoit la douleur d'une personne intéressée à tout ce qui le pouvoit fâcher, et dans le fond de l'âme elle étoit bien aise. Elle étoit parfaitement unie avec le Roi. Personne ne doute qu'elle n'eût part à cette disgrâce....*

Monsieur et Madame revinrent de Villers-Cotterets ; elle avoit un grand appartement de plain-pied à celui du Roi ; et, quoi qu'elle logeât avec Monsieur au château neuf, lorsqu'elle en étoit sortie le matin, elle passoit les après-dînées au vieux château où le Roi lui parloit plus aisément des affaires qu'elle négocioit avec le roi d'Angleterre, son frère. Depuis la disgrâce du chevalier de

(1) *Lors du mariage de Monsieur avec la princesse d'Angleterre, le château de Villers-Cotterets fut compris dans les apanages de la maison d'Orléans.*

Lorraine, elle s'étoit accoutumée à me parler ; elle me disoit : « Jusqu'ici nous ne nous sommes pas aimées, parce que nous ne nous connoissions point ; vous avez un bon cœur, le mien n'est pas méchant ; il faut que nous soyons bonnes amies. » J'avois les mêmes sentimens dans le cœur pour elle...

L'absence de M. le chevalier de Lorraine étoit une occasion de zizanie entre Monsieur et Madame, qui avoient tous les jours de nouveaux démêlés. Ils en eurent un qui fut assez violent pour que Monsieur lui fît des reproches sur des circonstances qu'il disoit lui avoir déjà pardonnées. La Reine se mêla de les raccommoder parce qu'elle avoit prise Madame en amitié. Monsieur lui parla des raisons qu'il avoit de s'expliquer, et ensuite me vint dire la rage contre Madame. Il me souvient qu'il me répéta dix fois qu'il ne l'avoit jamais aimée que quinze jours. Son emportement alla si loin, que je fus obligée de lui dire qu'il ne songeoit pas qu'il en avoit des enfans. Madame, de son côté, se plaignoit extrêmement ; elle disoit : « Si j'ai fait quelques fautes, que ne m'a-t-il étranglée dans le temps qu'il prétendoit que je lui manquois ? De souffrir qu'il me tourmente pour rien, je ne le saurois supporter. » Elle en parloit honnêtement, hors quelques mots de mépris qui lui échappèrent. Ce fut dans ce temps-là que le Roi fit sortir le chevalier de Lorraine du château d'If, et qu'il l'envoy en Italie. Ainsi Monsieur et Madame furent raccommodés par les exhortations du Roi, qui,par l'ouverture de la prison, voulut pacifier le désordre qu'elle avoit causé. Monsieur croyoit toujours que Madame y avoit contribué...

Madame étoit fort triste pendant tout le voyage [de Flandre] (1). *Elle avoit été réduite à prendre du lait; elle se retiroit chez elle sitôt qu'elle descendoit de carrosse, et la plupart du temps pour se coucher. Le Roi l'alla voir chez elle et témoigna dans toutes les occasions avoir de grands égards pour elle. Monsieur n'en étoit pas de même : souvent dans le carrosse il lui tenoit des discours désagréables. Entre autres, un jour que l'on parloit de l'astrologie, Monsieur dit qu'on lui avoit prédit qu'il auroit plusieurs femmes ; qu'en l'état où étoit Madame il avoit raison d'y ajouter foi. Cela me parut fort dur...*

Nous allâmes à Courtray, où l'on reçut des nouvelles du roi d'Angleterre, qui mandoit à Madame qu'il la prioit de passer à Douvres, qu'il y viendroit pour la voir. Monsieur en parut très fâché et Madame fort aise. Il vouloit empêcher qu'elle y allât. Le Roi dit qu'il le vouloit absolument, et il n'y eut plus de difficulté à op-

(1) 1670.

poser. Elle partit de Lille pour s'aller embarquer à Dunkerque. Tout le monde lui alla dire adieu, et la plupart voyoient la douleur qu'elle sentoit sur les façons de vivre de Monsieur avec elle. Un peu devant qu'elle partît, le Roi n'avoit pas mangé à la table, parce qu'il avoit été indisposé, et la Reine étoit entrée dans son prie-Dieu ; Monsieur y demeura seul avec moi. Il me parla avec tant d'emportement contre Madame, que j'en fus étonnée, et je compris qu'il ne se raccommoderoit jamais. Elle s'attiroit la considération du Roi parce qu'elle avoit du mérite et qu'elle négocioit les affaires avec son frère et le Roi. De sorte que le voyage qu'elle alloit faire étoit aussi nécessaire pour les intérêts du Roi que pour le plaisir particulier de Madame...

Madame arriva d'Angleterre, où il sembloit qu'elle avoit trouvé une bonne santé, tant elle paroissoit belle et contente. Monsieur n'alla pas au devant d'elle et pria même le Roi de n'y pas aller. S'il ne lui fit pas cette honnêteté, il ne laissa pas de la recevoir avec des marques d'une grande estime; Monsieur n'en fit pas de même. J'allai la voir et lui demandai des nouvelles de son voyage ; elle me dit que le roi d'Angleterre et le duc d'York l'avoient chargée de me faire leurs compliments, qu'ils étoient tous deux fort de mes amis, que la reine lui avoit paru une bonne femme, point belle, mais si honnête, si remplie de piété, qu'elle s'attiroit l'amitié de tout le monde, que la duchesse d'York avoit extrêmement d'esprit, qu'elle en étoit très contente, qu'elle avoit trouvé encore la cour d'Angleterre en deuil de la mort de la reine mère d'Angleterre, qui étoit morte il y avoit quelque temps à Colombes. Elle avoit été quasi toujours malade, tant elle étoit délicate ; on lui fit prendre des pilules pour la faire dormir : elle le fit si bien qu'elle n'en revint point. Madame en fut très fâchée, parce qu'elle l'aimoit, et qu'elle s'entremettoit pour la raccommoder avec Monsieur, qui avoit presque toujours mal vécu avec elle.

Madame ne fut qu'un jour à Saint-Germain, parce que le Roi s'en alla à Versailles, où Monsieur ne voulut pas le suivre, pour faire dépit à Madame. Il s'en alla à Paris ; je la vis fort tentée de pleurer, et quelque soin qu'elle prit de retenir ses larmes, elle ne laissa pas d'en verser (1).|

(1) Mémoires de mademoiselle de Montpensier, *collection Petitot, t. XLIII, pp.* 121-184.

RELATION DE LA MORT DE MADAME (1).

Madame étoit revenue d'Angleterre (2), avec toute la gloire et le plaisir que peut donner un voyage causé par l'amitié et suivi d'un bon succès dans les affaires. Le Roi son frère, qu'elle aimoit chèrement, lui avoit témoigné une tendresse et une considération extraordinaires. On savoit, quoique très-confusément, que la négociation dont elle se mêloit étoit sur le point de se conclure ; elle se voyoit à vingt-six ans le lien des deux plus grands rois de ce siècle ; elle avoit entre les mains un traité d'où dépendoit le sort d'une par-

(1) Les relations de la mort de Madame sont assez nombreuses et concordantes. Mademoiselle de Montpensier (*Mémoires, coll.* Petitot t. XLIII, p 192), l'abbé Feuillet (*Relation de la mort de Madame* dans les *Mémoires intéressants pour servir à l'Histoire de France,* par Poncet de la Grave, 1789, t. III), L'abbé Bourdelot, medecin (*Relation de la maladie, mort et ouverture du corps de Madame, mêmes Mémoires*), Daniel de Cosnac (Récit insére à la page xlvij du tome Ier des *Mémoires*) confirment le récit de Madame de La Fayette et le complètent sur quelques points. Cosnac seul n'est point un temoin oculaire mais il paraît bien informé. Consultez aussi : *Relation de la mort de Madame, envoyée par le marquis de Lionne à M. de Pomponne, ambassadeur en Suède ; juillet* 1670, *mss. Arsenal, n°* 198 *in-f°*, et *Journal d'Olivier Lefèvre d'Ormesson*, t. 2, pp. 592-593.

(2) Elle avait passé vingt jours auprès du roi Charles II, son frère, du 26 mai au 15 juin 1670. Le but de cette entrevue était de détacher le roi d'Angleterre de la Sainte-Alliance, pour l'allier à la France. Ce but fut atteint et un traite secret fut conclu entre Louis XIV et Charles II.

Dans la suite de Madame était cette belle bretonne, Louise-Renée

tie de l'Europe ; le plaisir et la considération que donnent les affaires se joignant en elle aux agrémens que donnent la jeunesse et la beauté, il y avoit une grâce et une douceur (1) répandues dans toute sa personne qui lui attiroient une sorte d'hommage, qui lui devoit être d'autant plus agréable qu'on le rendoit plus à la personne qu'au rang.

Cet état de bonheur étoit troublé par l'éloignement où Monsieur étoit pour elle depuis l'affaire du chevalier de Lorraine ; mais, selon toutes les apparences, les bonnes grâces du Roi lui eussent fourni les

de Penancoet de Kéroualle « dont l'étoile, dit madame de Sevigne, avoit été devinee avant qu'elle partît. » Charles II en fit ce qu'on avait souhaite ; elle devint duchesse de Portsmouth et, moyennant finance, elle servit auprès du roi d'Angleterre les intérêts du roi de France, son maître.

(1) Madame de La Fayette admire à trois reprises la *douceur* de Madame. A trois reprises aussi Bossuet la vante dans son *Oraison funèbre* « Votre mémoire vous la peindra mieux, avec tous ses traits et son *incomparable douceur*, que ne pourront jamais faire toutes no, paroles. » — « Toujours *douce*, toujours paisible autant que généreuse et bienfaisante. » — « Oui, Madame fut *douce* envers la mort comme elle l'étoit envers tout le monde. » L'evêque de Valence, qu'elle estimait avec raison, parle de cette douceur qui ne s'est point démentie. « Puis, ayant demandé un peu de repos, avec ce même sourire et cette même *douceur* dont elle accompagnoit ordinairement ses paroles... » (Cosnac, *Relation de la mort de Madame*). « Elle mêloit dans toute sa conversation une *douceur* qu'on ne trouvoit point dans toutes les autres personnes royales. » (Cosnac, *Mémoires*, t. I, p. 420). Ajoutons que Molière, qui lui dédia l'*Ecole des femmes*, en 1663, alors qu'elle avait à peine dix-neuf ans, loue « cette *douceur*, pleine de charmes » dont elle tempérait la fierté de ses titres (*L'Ecole des femmes, épître*).

moyens de sortir de cet embarras. Enfin elle étoit dans la plus agréable situation où elle se fût jamais trouvée, lorsqu'une mort, moins attendue qu'un coup de tonnerre, termina une si belle vie et priva la France de la plus aimable princesse qui vivra jamais (1).

Le 24 juin de l'année 1670, huit jours après son retour d'Angleterre, Monsieur et elle allèrent à Saint-Cloud. Le premier jour qu'elle y alla, elle se plaignit d'un mal de côté et d'une douleur dans l'estomac, à laquelle elle étoit sujette. Néanmoins, comme il faisoit extrêmement chaud, elle voulut se baigner dans la rivière. M. Yvelin, son premier médecin, fit tout ce qu'il put pour l'en empêcher ; mais, quoi qu'il lui pût dire, elle se baigna le vendredi (2), et le samedi elle s'en trouva si mal qu'elle ne se baigna point. J'arrivai à Saint-Cloud le samedi à dix heures du soir; je la trouvai dans les jardins ; elle me dit que je lui trouverois mauvais visage et qu'elle ne se portoit pas

(1) C'est après cette phrase que, dans l'édition originale, se trouve ce titre . *Relation de la mort de Madame*. Il est pourtant evident que la relation commence plus haut par ces mots : « Madame étoit revenue... » Nous avons placé ce titre de manière à ce qu'il commandât le recit au lieu de le couper. De la sorte le lecteur distinguera, à première vue, d'une part ce qui a été écrit sous l'inspiration de la princesse et le petit supplément emprunté à madame de Montpensier, de l'autre part, la relation que Madame de La Fayette ajouta à son histoire interrompue.

(2) 27 juin

bien ; elle avoit soupé comme à son ordinaire et elle se promena au clair de la lune jusqu'à minuit. Le lendemain, dimanche 29 juin, elle se leva de bonne heure et descendit chez Monsieur qui se baignoit ; elle fut longtemps auprès de lui, et, en sortant de sa chambre elle entra dans la mienne et me fit l'honneur de me dire qu'elle avoit bien passé la nuit.

Un moment après je montai chez elle. Elle me dit qu'elle étoit chagrine, et la mauvaise humeur dont elle parloit auroit fait les belles heures des autres femmes, tant elle avoit de douceur naturelle et tant elle étoit peu capable d'aigreur et de colère.

Comme elle me parloit, on lui vint dire que la messe étoit prête. Elle l'alla l'entendre et,en revenant dans sa chambre,elle s'appuya sur moi et me dit, avec cet air de bonté qui lui étoit si particulier, qu'elle ne seroit pas de si méchante humeur si elle pouvoit causer avec moi ; mais qu'elle étoit si lasse de toutes les personnes qui l'environnoient, qu'elle ne les pouvoit plus supporter.

Elle alla ensuite voir peindre Mademoiselle (1),dont un excellent peintre anglois (2) faisoit le portrait, et

(1) Marie-Louise, née le 27 mars 1662.

(2) Serait-ce le peintre Pierre van der Faes, si célèbre en Angleterre sous le nom de *Lely* et peintre ordinaire du roi Charles II

elle se mit à parler à madame d'Epernon (1) et à moi de son voyage d'Angleterre et du Roi son frère.

Cette conversation, qui lui plaisoit, lui redonna de la joie. On servit le dîner ; elle mangea comme à son ordinaire (2) et, après le dîner, elle se coucha sur des carreaux, ce qu'elle faisoit assez souvent lorsqu'elle étoit en liberté. Elle m'avoit fait mettre auprès d'elle, en sorte que sa tête étoit quasi sur moi.

Le même peintre anglois peignoit Monsieur ; on parloit de toutes sortes de choses, et cependant elle s'endormit. Pendant son sommeil elle changea si considérablement, qu'après l'avoir longtemps regardée j'en fus surprise, et je pensai qu'il falloit que son esprit contribuât fort à parer son visage, puisqu'il la rendoit si agréable lorsqu'elle étoit éveillée, et qu'elle l'étoit si peu quand elle étoit endormie. J'avois tort néanmoins de faire cette réflexion, car je l'avois vue dormir plusieurs fois, et je ne l'avois pas vue moins aimable.

Après qu'elle fut éveillée, elle se leva du lieu où elle

(3) Marie du Cambont, veuve de Bernard de Nogaret, duc d'Épernon

(2) « L'on sut que... Madame estant à Saint-Cloud avec Monsieur [le dimanche 29], avoit diné en public, s'etoit amusée avec madame de La Fayette à la décoiffer, pour voir les blessures qu'elle avoit eues à la tête d'une chute de chassis snr la tête ; qu'elle lui avoit demandé si elle avoit eu peur de la mort ; que, pour elle, elle ne croyoit pas qu'elle en eût eu peur. » (*Journal d'Olivier Lefèvre d'Ormesson, t. 2, p. 593*).

étoit, mais avec un si mauvais visage que Monsieur en fut surpris et me le fit remarquer.

Elle s'en alla ensuite dans le salon, où elle se promena quelque temps avec Boisfranc, trésorier de Monsieur, et, en lui parlant, elle se plaignit plusieurs fois de son mal de côté.

Monsieur descendit pour aller à Paris où il avoit résolu d'aller. Il trouva madame de Meckelbourg sur le degré et remonta avec elle. Madame quitta Boisfranc et vint à madame de Meckelbourg. Comme elle parloit à elle, madame de Gamaches (1) lui apporta, aussi bien qu'à moi, un verre d'eau de chicorée qu'elle avoit demandé il y avoit déjà quelque temps ; madame de Gourdon, sa dame d'atour, le lui présenta. Elle le but ; et, en remettant d'une main la tasse sur la soucoupe, de l'autre elle se prit le côté et dit avec un ton qui marquoit beaucoup de douleur : « Ah ! quel point de côté ; ah ! quel mal. Je n'en puis plus. »

Elle rougit en prononçant ces paroles, et, dans le moment d'après,elle pâlit d'une pâleur livide qui nous surprit tous ; elle continua de crier et dit qu'on l'emportât, comme ne pouvant plus se soutenir.

(1) Marie-Antoinette de Loménie de Brienne épousa en 1642 Nicolas-Joachim Rouault, marquis de Gamaches ; elle mourut en 1704 à l'âge de quatre-vingts ans.

Nous la prîmes sous les bras ; elle marchoit à peine et toute courbée. On la déshabilla dans un instant ; je la soutenois pendant qu'on la délaçoit. Elle se plaignoit toujours, et je remarquai qu'elle avoit les larmes aux yeux. J'en fus étonnée et attendrie, car je la connoissois pour la personne du monde la plus patiente. Je lui dis, en lui baisant les bras, que je soutenois, qu'il falloit qu'elle souffrît beaucoup ; elle me dit que cela étoit inconcevable. On la mit au lit ; et, sitôt qu'elle y fut, elle cria encore plus qu'elle n'avoit fait et se jeta d'un côté et d'un autre, comme une personne qui souffroit infiniment. On alla en même temps appeler son premier médecin, M. Esprit ; il vint et dit que c'étoit la colique et ordonna les remèdes ordinaires à de semblables maux. Cependant les douleurs étoient inconcevables ; Madame dit que son mal étoit plus considérable qu'on ne pensoit, qu'elle alloit mourir, qu'on lui allât quérir un confesseur.

Monsieur étoit devant son lit ; elle l'embrassa et lui dit, avec une douceur et un air capables d'attendrir les cœurs les plus barbares : « Hélas ! Monsieur, vous ne m'aimez plus il y a long-temps ; mais cela est injuste : je ne vous ai jamais manqué (1). » Monsieur

(1) « Rappelez-vous en pensée ce qu'elle a dit à Monsieur. Quelle force ! quelle tendresse ! O paroles qu'on voyoit sortir de l'abondance d'un cœur qui se sent au-dessus de tout. » (Bossuet, *Oraison funèbre.*)

parut fort touché ; et tout ce qui étoit dans sa chambre l'étoit tellement, qu'on n'entendoit plus que le bruit que font des personnes qui pleurent.

Tout ce que je viens de dire s'étoit passé en moins d'une demi-heure. Madame crioit toujours qu'elle sentoit des douleurs terribles dans le creux de l'estomac. Tout d'un coup elle dit qu'on regardât à cette eau qu'elle avoit bue, que c'étoit du poison, qu'on avoit peut-être pris une bouteille pour l'autre, qu'elle étoit empoisonnée, qu'elle le sentoit bien et qu'on lui donnât du contre-poison.

J'étois dans la ruelle, auprès de Monsieur ; et, quoique je le crusse fort incapable d'un pareil crime, un étonnement ordinaire à la malignité humaine me le fit observer avec attention. Il ne fut ni ému ni embarrassé de l'opinion de Madame : il dit qu'il falloit donner de cette eau à un chien ; il opina, comme Madame, qu'on allât quérir de l'huile et du contre-poison, pour ôter à Madame une pensée si fâcheuse. Madame Desbordes, sa première femme de chambre, qui étoit absolument à elle, lui dit qu'elle lui avoit fait l'eau, et en but ; mais Madame persévéra toujours à vouloir de l'huile et du contre-poison ; on lui donna l'un et l'autre. Sainte-Foy, premier valet de chambre de Monsieur, lui apporta de la poudre de vipère. Elle lui dit qu'elle la prenoit de sa main, parce qu'elle se fioit à lui ; on lui fit prendre plusieurs drogues dans cette pensée de poison, et peut-être plus propres à lui faire du mal qu'à la soulager. Ce qu'on lui donna la fit vomir ; elle en avoit déjà eu envie plusieurs fois avant que d'avoir rien pris ; mais ses vomissements ne furent qu'imparfaits, et ne lui firent jeter que quelques flegmes et une partie de la nourriture qu'elle avoit prise. L'agitation de ces remèdes et les excessives douleurs qu'elle souffroit la mirent dans un abattement qui nous parut du repos; mais elle nous dit qu'il ne falloit pas se tromper, que ses douleurs étoient toujours égales, qu'elle n'avoit plus la force de crier et qu'il n'y avoit point de remède à son mal.

Il sembla qu'elle avoit une certitude entière de sa mort et qu'elle s'y résolut comme à une chose indifférente. Selon toutes les apparences, la pensée du poison étoit établie dans son esprit ; et, voyant que les remèdes avoient été inutiles, elle ne songeoit plus à la vie et ne pensoit qu'à souffrir ses douleurs avec patience. Elle commença à avoir beaucoup d'appréhension. Monsieur appela madame de Gamaches pour tâter son pouls ; les médecins n'y pensoient pas. Elle sortit de la ruelle épouvantée, et nous dit qu'elle n'en trouvoit point à Madame, et qu'elle avoit toutes les extrémites froides. Cela nous fit peur; Monsieur en parut effrayé. M. Esprit dit que c'étoit un accident ordinaire à la colique, et qu'il répondoit de Madame. Monsieur se mit en colère et dit qu'il lui avoit répondu de M. de Valois (1), et qu'il étoit mort; qu'il lui répondoit de Madame, et qu'elle mourroit encore.

Cependant le curé de Saint-Cloud (2), qu'elle avoit mandé, étoit venu. Monsieur me fit l'honneur de me demander si on parleroit à ce confesseur. Je la trouvois fort mal; il me sembloit que ses douleurs n'étoient point celles d'une colique ordinaire, mais néanmoins j'étois bien éloignée de prévoir ce qui devoit arriver, et je n'attribuois les pensées qui me venoient dans l'esprit qu'à l'intérêt que je prenois à sa vie.

Je répondis à Monsieur qu'une confession faite dans la vue de la mort ne pouvoit être que très-utile, et Monsieur m'ordonna de lui aller dire que le curé de Saint-Cloud étoit venu. Je le suppliai de m'en dispenser et je lui dis que, comme elle l'avoit demandé, il n'y avoit qu'à le faire entrer dans sa chambre. Monsieur s'approcha de son lit, et d'elle-même elle me redemanda un confesseur, mais sans paroître effrayée et comme une personne qui songeoit aux seules choses

(1) Monsieur de Valois, son fils, mort à vingt-huit mois.
(2) C'étoit « un homme qu'elle ne connoissoit pas », à ce que rapporte mademoiselle de Montpensier.

qui lui étoient nécessaires dans l'état où elle étoit.

Une de ses premières femmes de chambre étoit passée à son chevet pour la soutenir : elle ne voulut point qu'elle s'ôtât et se confessa devant elle. Après que le confesseur se fut retiré, Monsieur s'approcha de son lit ; elle lui dit quelques mots assez bas que nous n'entendîmes point, et cela nous parut encore quelque chose de doux et d'obligeant.

L'on avoit parlé de la saigner, mais elle souhaitoit que ce fût du pied ; M. Esprit vouloit que ce fût du bras ; enfin il détermina qu'il le falloit ainsi. Monsieur vint le dire à Madame comme une chose à quoi elle auroit peut-être de la peine à se résoudre ; mais elle répondit qu'elle vouloit tout ce qu'on souhaitoit, que tout lui étoit indifférent et qu'elle sentoit bien qu'elle n'en pouvoit revenir. Nous écoutions ces paroles comme des effets d'une violente douleur qu'elle n'avoit jamais sentie et qui lui faisoit croire qu'elle alloit mourir.

Il n'y avoit pas plus de trois heures qu'elle se trouvoit mal. Yvelin, que l'on avoit envoyé quérir à Paris, arriva avec M. Vallot (1) qu'on avoit envoyé chercher à

(1) Antoine Vallot, né en 1594, mort le 9 août 1671. D'abord premier médecin d'Anne d'Autriche, il remplaça Vautier auprès du roi en 1652. Il préconisait l'émétique, le quinquina et le laudanum. Malheureux dans les soins qu'il donna à Henriette de France en 1669, il acheva de perdre au lit de mort de la fille le crédit qu'il avait compromis au lit de mort de la mère. Pourtant il avait mal

Versailles. Sitôt que Madame vit Yvelin, en qui elle avoit beaucoup de confiance, elle lui dit qu'elle étoit bien aise de le voir, qu'elle étoit empoisonnée et qu'il la traitât sur ce fondement. Je ne sais s'il le crut et s'il fut persuadé qu'il n'y avoit point de remède, ou s'il s'imagina qu'elle se trompoit et que son mal n'étoit pas dangereux; mais enfin il agit comme un homme qui n'avoit plus d'espérance ou qui ne voyoit point de danger. Il consulta avec M. Vallot et avec M. Esprit; et, après une conférence assez longue, ils vinrent tous trois trouver Monsieur et l'assurer sur leur vie qu'il n'y avoit point de danger. Monsieur vint le dire à Madame. Elle lui dit qu'elle connoissoit mieux son mal que le médecin et qu'il n'y avoit point de remède, mais elle dit cela avec la même tranquillité et la même douceur que si elle eût parlé d'une chose indifférente.

M. le Prince la vint voir; elle lui dit qu'elle se mouroit. Tout ce qui étoit auprès d'elle reprit la parole pour lui dire qu'elle n'étoit pas en cet état; mais elle témoigna quelque sorte d'impatience de mourir, pour être délivrée des douleurs qu'elle souffroit. Il sembloit néanmoins que la saignée l'eût soulagée; on la crut

augure de la santé de Madame. Il disait que depuis trois ou quatre ans, « elle ne vivait que par miracle » (Mignet : *Négociations relatives à la succession d'Espagne*, t. III, p. 207).

mieux. M. Vallot s'en retourna à Versailles sur les neuf heures et demie, et nous demeurâmes autour de son lit à causer, la croyant sans aucun péril. On étoit quasi consolé des douleurs qu'elle avoit souffertes, espérant que l'état où elle avoit été serviroit à son raccommodement avec Monsieur ; il en paroissoit touché, et madame d'Epernon et moi, qui avions entendu ce qu'elle avoit dit, nous prenions plaisir à lui faire remarquer le prix de ses paroles.

M. Vallot avoit ordonné un lavement avec du séné; elle l'avoit pris; et, quoique nous n'entendissions guère la médecine, nous jugions bien néanmoins qu'elle ne pouvoit sortir de l'état où elle étoit que par une évacuation. La nature tendoit à sa fin par en haut ; elle avoit des envies continuelles de vomir, mais on ne lui donnoit rien pour lui aider.

Dieu aveugloit les médecins et ne vouloit pas même qu'ils tentassent des remèdes capables de retarder une mort qu'il vouloit rendre terrible. Elle entendit que nous disions qu'elle étoit mieux et que nous attendions l'effet de ce remède avec impatience. « Cela est si peu véritable, nous dit-elle, que, si je n'étois pas chrétienne, je me tuerois, tant mes douleurs sont excessives. Il ne faut point souhaiter de mal à personne, ajouta-t-elle ; mais je voudrois bien que quelqu'un pût sentir un moment ce que je soufíre, pour connoître de quelle nature sont mes douleurs. »

Cependant ce remède ne faisoit rien. L'inquiétude nous en prit ; on appela M. Esprit et M. Yvelin ; ils dirent qu'il falloit encore attendre. Elle répondit que si on sentoit ses douleurs, on n'attendroit pas si paisiblement. On fut deux heures entières sur l'attente de ce remède, qui furent les dernières où elle pouvoit recevoir du secours. Elle avoit pris quantité de remèdes ; on avoit gâté son lit, elle voulut en changer, et on lui en fit un petit dans sa ruelle. Elle y alla sans qu'on l'y portât et fit même le tour par l'autre ruelle pour ne pas se mettre dans l'endroit de son lit qui étoit gâté. Lorsqu'elle fut dans ce petit lit, soit qu'elle expirât véritablement, soit qu'on la vit mieux parce qu'elle avoit les bougies au visage, elle nous parut beaucoup plus mal. Les médecins voulurent la voir de près et lui apportèrent un flambeau ; elle les avoit toujours fait ôter depuis qu'elle s'étoit trouvée mal. Monsieur lui demanda si on ne l'incommodoit point. « Ah ! non, Monsieur, lui répondit-elle, rien ne m'incommode plus ; je ne serai pas en vie demain matin, vous le verrez. » On lui donna un bouillon, parce qu'elle n'avoit rien pris depuis son dîner. Sitôt qu'elle l'eut avalé, ses douleurs redoublèrent et devinrent aussi violentes qu'elles l'avoient été lorsqu'elle avoit pris le verre de chicorée. La mort se peignit sur son visage, et on la voyoit dans des souffrances cruelles, sans néanmoins qu'elle parût agitée.

Le Roi avoit envoyé plusieurs fois savoir de ses nouvelles, et elle lui avoit toujours mandé qu'elle se mouroit. Ceux qui l'avoient vue lui avoient dit qu'en effet elle étoit très mal ; et M. de Créquy (1), qui avoit passé à Saint-Cloud en allant à Versailles, dit au Roi qu'il la croyoit en grand péril ; de sorte que le Roi voulut la venir voir et arriva à Saint-Cloud sur les onze heures.

Lorsque le Roi arriva, Madame étoit dans ce redoublement de douleurs que lui avoit causé le bouillon. Il sembla que les médecins furent éclairés par sa présence. Il les prit en particulier pour savoir ce qu'ils en pensoient, et ces mêmes médecins, qui deux heures auparavant en répondoient sur leur vie et qui trouvoient que les extrémités froides n'étoient qu'un accident de la colique, commencèrent à dire qu'elle étoit sans espérance ; que cette froideur et ce pouls retiré étoient une marque de gangrène, et qu'il falloit lui faire recevoir Notre-Seigneur.

(1) Charles III, duc de Créquy, premier gentilhomme de la Chambre du Roi, mort en 1711 à l'âge de quatre-vingt cinq ans.

La Reine et la comtesse de Soissons étoient venues avec le Roi : madame de La Vallière et madame de Montespan étoient venues ensemble. Je parlois à elles ; Monsieur m'appela et me dit en pleurant ce que les médecins venoient de dire. Je fus surprise et touchée comme je le devois, et je répondis à Monsieur que les médecins avoient perdu l'esprit et qu'ils ne pensoient ni à sa vie ni à son salut ; qu'elle n'avoit parlé qu'un quart d'heure au curé de Saint-Cloud, et qu'il falloit lui envoyer quelqu'un. Monsieur me dit qu'il alloit envoyer chercher M. de Condom (1) : je trouvai qu'on ne pouvoit mieux choisir, mais qu'en attendant il falloit avoir M. Feuillet(2), chanoine, dont le mérite est connu.

(1) Bossuet —Il faut entendre sur ce point mademoiselle de Montpensier qui vint avec le roi : « Monsieur s'approcha ; je lui dis. « On ne songe pas que Madame est en etat de mourir, et qu'il lui faudroit parler de Dieu. » Il me repondit que j'avois raison ; il me dit que son confesseur étoit un capucin qui n'etoit propre qu'à lui faire honneur dans un carrosse, pour que le public vît qu'elle en avoit un ; qu'il falloit un autre homme pour lui parler de la mort. Qui pourroit-on trouver qui eût bon air à mettre dans la gazette pour avoir assisté Madame ? » Je lui repondis que le meilleur air qu'un confesseur dût avoir dans ce moment-là etoit celui d'être homme de bien et habile. Il me dit « Ah ! j'ai trouve son fait : l'abbé Bossuet, qui est nomme à l'evêche de Condom. Madame l'entretenoit quelquefois ; ainsi ce sera son fait (t. XLIII p. 191). »

(2) Nicolas Feuillet, chanoine de Saint-Cloud, ne en 1622, mort en 1693 « Il s'etait, dit Moreri, acquis le droit de parler avec une entière liberté aux premières personnes de la Cour et de les reprendre de leurs déréglements. » Appele au chevet de Madame, il fut envers cette jeune femme courageuse et douce, qui se mourait d'une odieuse dureté

Cependant le Roi étoit auprès de Madame (1) : elle lui dit qu'il perdoit la plus véritable servante qu'il auroit jamais. Il lui dit qu'elle n'étoit pas en si grand péril, mais qu'il étoit étonné de sa fermeté, et qu'il la trouvoit grande. Elle lui répliqua qu'il savoit bien qu'elle n'avoit jamais craint la mort, mais qu'elle avoit craint de perdre ses bonnes grâces.

Ensuite le Roi lui parla de Dieu : il revint après dans l'endroit où étoient les médecins ; il me trouva désespérée de ce qu'ils ne lui donnoient point de remède, et surtout l'émétique ; il me fit l'honneur de me dire qu'ils avoient perdu la tramontane, qu'ils ne savoient ce qu'ils faisoient, et qu'il alloit essayer de leur remettre l'esprit. Il leur parla et se rapprocha du lit de Madame et lui dit qu'il n'étoit pas médecin, mais qu'il venoit de proposer trente remèdes aux médecins : ils répondirent qu'il falloit attendre. Madame prit la parole et dit qu'il falloit mourir par les formes.

Le Roi, voyant que, selon les apparences, il n'y avoit rien à espérer, lui dit adieu en pleurant. Elle lui

(3) « En vain Monsieur, en vain le Roi même tenoit Madame serrée par de si étroits embrassements. Alors ils pouvaient dire l'un et l'autre, avec saint Ambroise, *stringebam brachia, sed jam amiseram quod tenebam* « Je serrois les bras ; mais j'avois déjà perdu ce que je tenois » La Princesse leur échappoit parmi des embrassements si tendres. » (Bossuet, *Oraison funèbre d'Henriette d'Angleterre*).

dit qu'elle le prioit de ne point pleurer, qu'il l'attendrissoit et que la première nouvelle qu'il auroit le lendemain seroit celle de sa mort.

Le maréchal de Gramont s'approcha de son lit. Elle lui dit qu'il perdoit une bonne amie, qu'elle alloit mourir, et qu'elle avoit cru d'abord être empoisonnée par méprise.

Lorsque le Roi se fut retiré, j'étois auprès de son lit ; elle me dit : « Madame de La Fayette, mon nez s'est déjà retiré. » Je ne lui répondis qu'avec des larmes ; car ce qu'elle me disoit étoit véritable, et je n'y avois pas encore pris garde. On la remit ensuite dans son grand lit. Le hoquet lui prit : elle dit à M. Esprit que c'étoit le hoquet de la mort. Elle avoit déjà demandé plusieurs fois quand elle mourroit, elle le demandoit encore; et, quoiqu'on lui répondît comme à une personnne qui n'en étoit pas proche, on voyoit bien qu'elle n'avoit aucune espérance.

Elle ne tourna jamais son esprit du côté de la vie ; jamais un mot de réflexion sur la cruauté de sa destinée, qui l'enlevoit dans le plus beau de son âge ; point de questions aux médecins pour s'informer s'il étoit possible de la sauver ; point d'ardeur pour les remèdes, qu'autant que la violence de ses douleurs lui en faisoit désirer ; une contenance paisible au milieu de la certitude de la mort, de l'opinion du poison et de ses souffrances, qui étoient cruelles ; enfin un courage dont on ne peut donner d'exemple et qu'on ne sauroit bien représenter.

Le Roi s'en alla, et les médecins déclarèrent qu'il n'y avoit aucune espérance. M. Feuillet vint : il parla à Madame avec une austérité entière, mais il la trouva dans des dispositions qui alloient aussi loin que son austérité. Elle eut quelque scrupule que ses confessions passées n'eussent été nulles, et pria M. Feuillet de lui aider à en faire une générale ; elle la fit avec de grands sentimens de piété et de grandes résolutions de vivre en chrétienne si Dieu lui redonnoit la santé.

Je m'approchai de son lit après sa confession. M. Feuillet étoit auprès d'elle, et un capucin, son confesseur ordinaire (1). Ce bon père vouloit lui parler et se jetoit dans des discours qui la fatiguoient : elle me regarda avec des yeux qui faisoient entendre ce qu'elle pensoit, et puis, les retournant sur ce capucin : « Laissez parler M. Feuillet, mon père, lui dit-elle avec une douceur admirable, comme si elle eût craint de le fâcher ; vous parlerez à votre tour. »

(1) Celui dont Monsieur disait qu'il n'était propre qu'à faire honneur à Madame dans un carrosse pour que le public vît qu'elle avait un confesseur (voir la note de la page 138).

L'ambassadeur d'Angleterre (1) arriva dans ce moment. Sitôt qu'elle le vit, elle lui parla du Roi son frère et de la douleur qu'il auroit de sa mort ; elle en avoit déjà parlé plusieurs fois dans le commencement de son mal. Elle le pria de lui mander qu'il perdoit la personne du monde qui l'aimoit le mieux. Ensuite l'ambassadeur lui demanda si elle étoit empoisonnée : je ne sais si elle lui dit qu'elle l'étoit, mais je sais bien qu'elle lui dit qu'il n'en falloit rien mander au Roi son frère, qu'il falloit lui épargner cette douleur et qu'il falloit surtout qu'il ne songeât point à en tirer vengeance ; que le Roi n'en étoit point coupable, qu'il ne falloit point s'en prendre à lui.

Elle disoit toutes ces choses en anglois ; et comme le mot de *poison* est commun à la langue françoise et à l'angloise, M. Feuillet l'entendit et interrompit la conversation, disant qu'il falloit sacrifier sa vie à Dieu et ne pas penser à autre chose.

Elle reçut Notre-Seigneur ; ensuite, Monsieur s'étant retiré, elle demanda si elle ne le verroit plus ; on l'alla quérir ; il vint l'embrasser en pleurant. Elle le pria de se retirer et lui dit qu'il l'attendrissoit.

Cependant elle diminuoit toujours, et elle avoit de

(1) Lord Montagu « qui était des amis de Madame », dit La Fare. Voir plus bas, aux « Lettres. »

temps en temps des foiblesses qui attaquoient le cœur. M. Brayer, excellent médecin, arriva. Il n'en désespéra pas d'abord ; il se mit à consulter avec les autres médecins. Madame les fit appeler; ils dirent qu'on les laissât un peu ensemble ; mais elle les renvoya encore quérir, ils allèrent auprès de son lit. On avoit parlé d'une saignée au pied. « Si on la veut faire, dit-elle, il n'y a pas de temps à perdre ; ma tête s'embarrasse et mon estomac se remplit. »

Ils demeurèrent surpris d'une si grande fermeté et, voyant qu'elle continuoit à vouloir la saignée, ils la firent faire ; mais il ne vint point de sang, et il en étoit très-peu venu de la première qu'on avoit faite. Elle pensa expirer pendant que son pied fut dans l'eau. Les médecins lui dirent qu'ils alloient faire un remède ; mais elle répondit qu'elle vouloit l'extrême-onction avant que de rien prendre.

M. de Condom arriva comme elle la recevoit : il lui parla de Dieu conformément à l'état où elle étoit et avec cette éloquence et cet esprit de religion qui paroissent dans tous ses discours ; il lui fit faire les actes qu'il jugea nécessaires. Elle entra dans tout ce qu'il lui dit avec un zèle et une présence d'esprit admirables.

Comme il parloit, sa première femme de chambre

s'approcha d'elle pour lui donner quelque chose dont elle avoit besoin ; elle lui dit en anglois, afin que M. de Condom ne l'entendît pas, conservant jusqu'à la mort la politesse de son esprit : « Donnez à M. de Condom, lorsque je serai morte, l'émeraude que j'avois fait faire pour lui (1). »

Comme il continuoit à lui parler de Dieu, il lui prit une espèce d'envie de dormir, qui n'étoit en effet qu'une défaillance de la nature. Elle lui demanda si elle ne pouvoit pas prendre quelques momens de repos ; il lui dit qu'elle le pouvoit et qu'il alloit prier Dieu pour elle.

M. Feuillet demeura au chevet de son lit ; et, quasi dans le même moment Madame lui dit de rappeler M. de Condom et qu'elle sentoit bien qu'elle alloit expirer. M. de Condom se rapprocha et lui donna le crucifix ; elle le prit et l'embrassa avec ardeur. M. de

(1) « Elle donnoit non-seulement avec joie, mais avec une hauteur d'âme qui marquoit tout ensemble et le mépris du don et l'estime de la personne. Tantôt par des paroles touchantes, tantôt même par son silence, elle relevoit ses présents ; et cet art de donner agréablement, qu'elle avoit si bien pratiqué durant sa vie, l'a suivie, je le sais, jusqu'entre les bras de la mort. » (Bossuet, *Oraison funèbre.*)

L'inventaire des meubles de feu messire J.-B. Bossuet, évêque de Meaux, commencé à Paris, le 20 mai 1704, porte désignation « d'un anneau d'or dans lequel est enchassée une émeraude verte, garnie, aux côtes, de cinq petits diamants,..... trois cents livres. »

C'était l'anneau donné par Madame. Le Dieu dit qu'il valait cent louis. (Voir Floquet, *Etudes sur Bossuet*, t. III, p. 406).

Condom lui parloit toujours et elle lui répondoit avec le même jugement que si elle n'eût pas été malade, tenant toujours le crucifix attaché sur sa bouche; la mort seule le lui fit abandonner. Les forces lui manquèrent, elle le laissa tomber et perdit la parole et la vie quasi en même temps (1). Son agonie n'eut qu'un moment; et, après deux ou trois petits mouvemens convulsifs dans la bouche, elle expira à deux heures et demie du matin, et neuf heures après avoir commencé à se trouver mal (2).

(1) Il semble que Dieu ne lui ait conservé le jugement libre jusqu'au dernier soupir, qu'afin de faire durer les témoignages de sa foi. .

« J'ai vu sa main défaillante chercher encore en tombant de nouvelles forces pour appliquer sur ses levres ce bienheureux signe de notre rédemption .. » (Bossuet, *Oraison funèbre*)

(2) « Comme Dieu ne vouloit plus exposer aux illusions du monde les sentiments d'une piété si sincère, il a fait ce que dit le Sage ; « il s'est hâté. » En effet, quelle diligence ! en *neuf heures* l'ouvrage est accompli. » (Bossuet, *Oraison funèbre.*)

LETTRES RELATIVES A LA MORT DE MADAME (1).

LETTRE ÉCRITE AU COMTE D'ARLINGTON (2), *ALORS SECRÉTAIRE D'ÉTAT DE CHARLES II, ROI D'ANGLETERRE, PAR MONSIEUR MONTAIGU* (3), *AMBASSADEUR A PARIS, MORT DEPUIS DUC DE MONTAIGU.*

Paris, le 30 juin 1670, à quatre heures du matin.

Milord,

Je suis bien fâché de me voir dans l'obligation, en vertu de mon emploi, de vous rendre compte de la plus triste aventure du monde. Madame, étant à Saint-Cloud, le 29 du courant, avec beaucoup de compagnie, demanda, sur les cinq heures du soir, un verre d'eau de chicorée qu'on lui avoit ordonné de boire, parce qu'elle s'étoit trouvée indisposée pendant deux ou trois jours après s'être baignée. Elle ne l'eut pas plus tôt bu qu'elle s'écria qu'elle étoit morte, et, tombant entre les

(1) *Ces lettres, qui figurent dans l'édition de 1720 et qui n'ont pas été reproduites dans l'édition publiée par Bazin, complèient si heureusement le recit de Madame de la Fayette que nous n'avons pas cru pouvoir les en détacher.*

(2) *Henri Bennet, comte d'Arlington, né en 1618, à Arlington, dans le comté de Middlesex, trésorier et premier secrétaire d'État de Charles II, depuis 1662. C'est seulement en 1672 qu'il fut créé comte d'Arlington Il mourut le 28 juillet 1685.*

(3) *Ralph Montagu, second fils d'Édouard lord Montagu Ambassadeur en France (1669), admis au conseil privé (1672,) créé marquis de Monthermer et duc de Montagu (1705). Mort le 7 mars 1708.*

bras de madame de Meckelbourg, elle demanda un confesseur. Elle continua dans les plus grandes douleurs qu'on puisse s'imaginer, jusqu'à trois heures du matin, qu'elle rendit l'esprit. Le Roi, la Reine et toute la Cour restèrent auprès d'elle jusqu'à une heure avant sa mort. Deiu veuille donner de la patience et de la constance au Roi notre maître pour supporter une affliction de cette nature! Madame a déclaré en mourant qu'elle n'avoit nul autre regret, en sortant du monde, que celui que lui causoit la douleur qu'en recevroit le Roi son frère. S'étant trouvée un peu soulagée de ses grandes douleurs, que les médecins nomment colique bilieuse, *elle me fit appeler, pour m'ordonner de dire de sa part les choses du monde les plus tendres au Roi et au duc d'Yorck, ses frères. J'arrivai à Saint-Cloud une heure après qu'elle s'y fût trouvée mal, et je restai jusqu'à sa mort auprès d'elle. Jamais personne n'a marqué plus de piété et de résolution que cette Princesse, qui a conservé son bon sens jusqu'au dernier moment. Je me flatte que la douleur où je suis vous fera excuser les imperfections que vous trouverez dans cette relation.*

Je suis persuadé que tous ceux qui ont eu l'honneur de connoître Madame partageront avec moi l'affliction que doit causer une perte pareille.

Je suis, Milord, etc.

EXTRAIT D'UNE LETTRE ÉCRITE PAR LE COMTE D'ARLINGTON A MONSIEUR LE CHEVALIER TEMPLE (1), *ALORS AMBASSADEUR D'ANGLETERRE A LA HAYE.*

De Whitehall, le 28 juin 1670, vieux style.

Milord,

Je vous écris toutes les nouvelles que nous avons ici, à l'exception de celle de la mort de Madame, dont le Roi est extrêmement affligé, aussi bien que toutes les personnes qui ont eu l'honneur de la connoître à Douvres. Les brouilleries de ses domestiques et sa mort subite nous avoient d'abord fait croire qu'elle avoit été empoisonnée ; mais la connoissance qu'on nous a donnée depuis du soin qu'on a pris d'examiner son corps (2),

(1) *Sir William Temple, né en 1628, à Londres, résidant à Bruxelles en 1667, ambassadeur extraordinaire auprès des Etats généraux, à La Haye, en 1668, mort le 27 janvier 1699.*

(2) *Il y a à la Bibliothèque nationale, dans les manuscrits français, au n° 17052 une pièce qui porte pour titre:* Memoire d'un chirurgien du roi d'Angleterre qui a éte present à l'ouverture du corps de Madame. *Il résulte de ce document que le péritoine portait les traces d'une inflammation suraiguë, que l'estomac était percé d'un petit trou, que le bas-ventre etait plein d'huile (l'huile qu'elle avait bue comme contre-poison et qui s'était épanchee hors de l'estomac perforé) Il est vrai que le chirurgien du roi d'Angleterre, surpris de la netteté de cette lésion, l'attribua à un coup de scalpel donne par mégarde pendant l'autopsie, « sur quoi, dit-il, je fus le seul qui fis instance. » Mais M. Littré démontre que ce trou n'a pas été accidentellement fait après la mort. Il y reconnaît une modification pathologique et, tant d'après cette lésion que par une interprétation méthodique des autres symptômes qui ont marqué la maladie de Madame, il diagnostique* l'ulcère simple de l'estomac, *qui n'était pas connu au XVIIe siècle. Nous avons consacré à l'examen de la maladie de Madame tout un paragraphe de notre* Préface.

et les sentimens que nous apprenons qu'en a Sa Majesté Très-Chrétienne, laquelle a intérêt d'examiner cette affaire à fond, et qui est persuadée qu'elle est morte d'une mort naturelle, a levé la plus grande partie des soupçons que nous en avions. Je ne doute pas que M. le maréchal de Bellefond (1), que j'apprends qui vient d'arriver avec ordre de donner au Roi une relation particulière de cet accident fatal, et qui nous apporte le procès-verbal de la mort de cette Princesse et de la dissection de son corps, signé des principaux médecins et chirurgiens de Paris, ne nous convainque pleinement que nous n'avons rien à regretter que la perte de cette admirable Princesse, sans qu'elle soit accompagnée d'aucune circonstance odieuse, pour rendre notre douleur moins supportable.

LETTRE DE MONSIEUR MONTAIGU, AMBASSADEUR D'ANGLETERRE, AU COMTE D'ARLINGTON.

Paris, le 6 juillet 1670.

Milord,

J'ai reçu les lettres de Votre Grandeur, celle du 17 juin par M. le chevalier Jones, et celle du 23 par

(1) *Bernardin Gigault, marquis de Bellefonds, né en 1630, maréchal de France le 8 juillet 1668, ambassadeur extraordinaire en Angleterre en 1670 et en 1673, mort au château de Vincennes, dont il était gouverneur, le 4 décembre 1694.*

la poste. Je suppose que M. le maréchal de Bellefond est arrivé à Londres. Outre le compliment de condoléance qu'il va faire au Roi, il tâchera, à ce que je crois, de désabuser notre cour de l'opinion que Madame ait été empoisonnée, dont on ne pourra jamais désabuser celle-ci, ni tout le peuple. Comme cette Princesse s'en est plainte plusieurs fois dans ses plus grandes douleurs, il ne faut pas s'étonner que cela fortifie le peuple dans la croyance qu'il en a. Toutes les fois que j'ai pris la liberté de la presser de me dire si elle croyoit qu'on l'eût empoisonnée, elle ne m'a pas voulu faire de réponse, voulant, à ce que je crois, épargner une augmentation si sensible de douleur au Roi notre maître. La même raison m'a empêché d'en faire mention dans ma première lettre, outre que je ne suis pas assez bon médecin pour juger si elle a été empoisonnée ou non. L'on tâche ici de me faire passer pour l'auteur du bruit qui en court ; je veux dire Monsieur, qui se plaint que je le fais pour rompre la bonne intelligence qui est établie entre les deux couronnes.

Le Roi et les ministres ont beaucoup de regret de la mort de Madame ; car ils espéroient qu'à sa considération ils engageroient le Roi notre maître à condescendre à des choses et à contracter une amitié avec cette couronne plus étroite qu'ils ne croient pouvoir l'obtenir à présent. Je ne prétends pas examiner ce qui s'est fait à cet égard, ni ce qu'on prétendoit faire, puisque Votre Grandeur n'a pas jugé à propos de m'en communiquer la moindre partie ; mais je ne saurois m'empêcher de savoir ce qui s'est dit publiquement, et je suis persuadé que l'on ne refusera rien ici que le Roi notre maître puisse proposer pour avoir son amitié ; et il n'y a rien de l'autre côté que les Hollandois ne fassent pour nous empêcher de nous joindre à la France. Tout ce que je souhaite de savoir, Milord, pendant que je serai ici, est le langage dont je me dois servir en conversation avec les autres ministres, afin de ne point passer pour ridicule avec le caractère dont je suis revêtu. Pendant que Madame étoit en vie, elle me faisoit l'honneur de se fier assez à moi pour m'empêcher d'être exposé à ce malheur.

Je suis persuadé que, pendant le peu de temps que vous l'avez connue en Angleterre, vous l'avez assez connue pour la regretter tout le temps de votre vie : et ce n'est pas sans sujet, car personne n'a jamais eu meilleure opinion de qui que ce soit, en tous égards, que celle que cette Princesse avoit de vous ; et je crois qu'elle aimoit trop le Roi son Frère pour marquer la considération qu'elle faisoit paroître en toutes sortes d'occasions pour vous, depuis qu'elle a vécu en bonne intelligence avec vous, si elle n'eût été persuadée que vous le serviez très-bien et très-fidèlement. Quant à moi, j'ai fait une si grande perte par la mort de cette Princesse, que je n'ai plus aucune joie dans ce pays-ci, et je crois que je n'en aurai plus jamais en aucun autre. Madame, après m'avoir tenu plusieurs discours pendant le cours de son mal, lesquels n'étoient remplis que de tendresse pour le Roi notre maître, me dit à la fin qu'elle étoit bien fâchée de n'avoir rien fait pour moi avant sa mort, en échange du zèle et de l'affection avec lesquels je l'avois servie depuis mon arrivée ici ; elle me dit qu'elle avoit six mille pistoles dispersées en plusieurs endroits, qu'elle m'ordonnoit de prendre pour l'amour d'elle : je lui répondis qu'elle avoit plusieurs pauvres domestiques qui en avoient plus besoin que moi ; que je ne l'avois jamais servie par intérêt et que je ne voulois pas absolument les prendre ; mais que, s'il lui plaisoit de me dire auxquels elle souhaitoit les donner, je ne manquerois pas de m'en acquitter très-fidèlement. Elle eut assez de présence d'esprit pour les nommer par leurs noms. Cependant elle n'eut pas plus tôt rendu l'esprit, que Monsieur se saisit de toutes ses clefs et de son cabinet. Je demandai le lendemain à une de ses femmes où étoit cet argent, laquelle me dit qu'il étoit en un tel endroit. C'étoit justement les premières six mille pistoles que le Roi notre maître lui avoit envoyées. Dans le temps que cet argent arriva, elle avoit dessein de s'en servir pour retirer quelques joyaux qu'elle avoit engagés en attendant cette somme : mais le roi de France la lui avoit déjà donnée deux jours avant que celle-ci arrivât, de sorte qu'elle avoit gardé toute la somme que le Roi son frère lui avoit envoyée.

Sur cela j'ai demandé ladite somme à Monsieur comme m'appartenant, et que, l'ayant prêtée à Madame, deux de mes domestiques l'avoient remise entre les mains de deux de ses femmes, lesquelles en ont rendu témoignage à ce Prince ; car elles ne savoient pas que ç'avoit été par ordre du Roi notre maître. Monsieur en avoit déjà emporté la moitié, et l'on m'a rendu le reste. J'en ai disposé en faveur des domestiques de Madame, selon les ordres qu'elle m'en avoit donnés, en présence de M. l'abbé de Montaigu et de deux autres témoins. Monsieur m'a promis de me rendre le reste, que je ne manquerai pas de distribuer entre eux de la même manière. Cependant s'ils n'ont l'esprit de le cacher, Monsieur ne manquera de le leur ôter dès que cela parviendra à sa connoissance. Je n'avois nul autre moyen de l'obtenir pour ces pauvres gens-là, et je ne doute pas que le Roi n'aime mieux qu'ils en profitent que Monsieur. Je vous prie de l'apprendre au Roi pour ma décharge, et que cela n'aille pas plus loin. M. le chevalier Hamilton en a été témoin avec M. l'abbé de Montaigu. J'ai cru qu'il étoit nécessaire de vous faire cette relation.

Je suis, Milord, etc.

P. S. Depuis ma lettre écrite, je viens d'apprendre de très-bonne part, et d'une personne qui est dans la confidence de Monsieur, qu'il n'a pas voulu délivrer les papiers de Madame à la requête du Roi avant que de se les être fait lire et interpréter par M. l'abbé de Montaigu; et même que, ne se fiant pas entièrement à lui, il a employé pour cet effet d'autres personnes qui entendent la langue, et entre autres madame de Fiennes; de sorte que ce qui s'est passé de plus secret entre le Roi et Madame est et sera publiquement connu de tout le monde. Il y avoit quelque chose en chiffres qui l'embarrasse fort, et qu'il prétend pourtant deviner. Il se plaint extrêmement du Roi notre maître à l'égard de la correspondance qu'il entretenoit avec Madame, et de ce qu'il traitoit d'affaires avec elle à son insu. J'espère que M. l'abbé de Montaigu vous en donnera une relation plus particulière que je ne le puis faire; car, quoique Monsieur lui ait recommandé le secret à l'égard de tout le monde, il ne sauroit s'étendre jusqu'à vous, si les affaires du Roi notre maître y sont intéressées.

LETTRE ÉCRITE PAR MONSIEUR DE MONTAIGU A CHARLES II, ROI D'ANGLETERRE.

Paris, le 15 juillet 1670.

Au Roi.

Sire,

Je dois commencer cette lettre en suppliant très-humblement Votre Majesté de me pardonner la liberté que je prends de l'entretenir sur un si triste sujet, et du malheur que j'ai eu d'être témoin de la plus cruelle et de la plus généreuse mort dont on ait jamais ouï parler. J'eus l'honneur d'entretenir Madame assez longtemps le samedi, jour précédent de celui de sa mort. Elle me dit qu'elle voyoit bien qu'il étoit impossible qu'elle pût jamais être heureuse avec Monsieur, lequel s'étoit emporté contre elle plus que jamais deux jours auparavant à Versailles, où il l'avoit trouvée dans une conférence secrète avec le Roi, sur des affaires qu'il n'étoit pas à propos de lui communiquer. Elle me dit que Votre Majesté et le roi de France aviez résolu de faire la guerre à la Hollande dès que vous seriez demeurés d'accord de la manière dont vous la deviez faire. Ce sont là les dernières paroles que cette princesse me fit l'honneur de me dire avant sa maladie ; car Monsieur, étant entré dans ce moment, nous interrompit, et je m'en retournai à Paris. Le lendemain, lorsqu'elle se trouva mal, elle m'appela deux ou trois fois, et madame de Meckelbourg m'envoya chercher. Dès qu'elle me vit, elle me dit : « Vous voyez le triste état où je suis ; je me meurs. Hélas ! que je plains le Roi mon frère ! car je suis assurée qu'il va perdre la personne du monde qui l'aime le mieux. » Elle me rappela un peu après et m'ordonna de ne pas manquer de dire au Roi son frère les choses du monde les plus tendres de sa part et de le remercier de tous ses soins pour elle. Elle me demanda ensuite si je me souvenois bien de ce qu'elle m'avoit dit, le jour précédent, des intentions qu'avoit Votre Majesté de se joindre à la France contre la Hollande ; je lui dis qu'oui; sur quoi elle ajouta : « Je vous prie de dire à mon frère que je ne lui ai jamais persuadé de le faire par intérêt, et que ce n'étoit que parce que j'étois convaincue que son honneur et son avantage y étoient également intéressés ; car je l'ai toujours aimé plus que ma vie, et je n'ai nul autre regret en la perdant que celui de le quitter. » Elle m'appela plusieurs fois pour me dire de ne pas oublier de vous dire cela et me parla en anglois.

Je pris alors la liberté de lui demander si elle ne croyoit pas qu'on l'eût empoisonnée. Son confesseur, qui étoit présent, et qui entendit ce mot-là, lui dit :

« *Madame, n'accusez personne, et offrez à Dieu votre mort en sacrifice.* » *Cela l'empêcha de me répondre; et, quoique je fisse plusieurs fois la même demande, elle ne me répondit qu'en levant les épaules. Je lui demandai la cassette où étoient toutes ses lettres, pour les envoyer à Votre Majesté; et elle m'ordonna de les demander à madame de Bordes* (1), *laquelle, s'évanouissant à tout moment et mourant de douleur de voir sa maîtresse dans un état si déplorable, Monsieur s'en saisit avant qu'elle pût revenir à elle. Elle m'ordonna de prier Votre Majesté d'assister tous ses pauvres domestiques et d'écrire à milord Arlington de vous en faire souvenir; elle ajouta à cela :* « *Dites au Roi mon frère que j'espère qu'il fera pour lui, pour l'amour de moi, ce qu'il m'a promis; car c'est un homme qui l'aime et qui le sert bien.* » *Elle dit plusieurs choses ensuite tout haut en françois, plaignant l'affliction qu'elle savoit que sa mort donneroit à Votre Majesté. Je supplie encore une fois Votre Majesté de pardonner le malheur où je me trouve réduit de lui apprendre cette fatale nouvelle, puisque de tous ses serviteurs il n'y en a pas un seul qui souhaite avec plus de passion et de sincérité son honneur et sa satisfaction, que celui qui est, Sire, de Votre Majesté, etc.* »

(1) *C'est cette première femme de chambre que Madame de la Fayette et Cosnac nomment* Desbordes.

LETTRE DE MONSIEUR DE MONTAIGU A MILORD ARLINGTON

Paris, le 15 juillet 1670.

Milord,

Selon les ordres de Votre Grandeur, je vous envoie la bague que Madame avoit au doigt en mourant, laquelle vous aurez, s'il vous plaît, la bonté de présenter au Roi. J'ai pris la liberté de rendre compte au Roi moi-même de quelques choses que Madame m'avoit chargé de lui dire, étant persuadée que la modestie n'auroit pas permis à Votre Grandeur de les dire au Roi, parce qu'elles vous touchent de trop près. Il y a eu depuis la mort de Madame, comme vous pouvez bien vous l'imaginer dans une occasion pareille, plusieurs bruits divers. L'opinion la plus générale est qu'elle a été empoisonnée ; ce qui inquiète le Roi et les ministres au dernier point. J'en ai été saisi d'une telle manière, que j'ai eu à peine le cœur de sortir depuis. Cela, joint aux bruits qui courent par la ville du ressentiment que témoigne le Roi notre maître d'un attentat si rempli d'horreur, qu'il a refusé de recevoir la lettre de Monsieur et qu'il m'a ordonné de me retirer, leur fait conclure que le Roi notre maître est mécontent de cette cour au point qu'on le dit ici. De sorte que quand j'ai été à Saint-Germain, d'où je ne fais que de revenir, pour y faire les plaintes que vous m'avez ordonné d'y faire, il est impossible d'exprimer la joie qu'on y a reçue d'apprendre que le Roi notre maître commence à s'apaiser, et que ces bruits n'ont fait aucune impression sur son esprit au préjudice de la France. Je vous marque cela, Milord, pour vous faire connoître à quel point l'on estime l'union de l'Angleterre dans cette conjoncture et combien l'amitié du Roi est nécessaire à tout leurs desseins ; je ne doute pas qu'on ne s'en serve à la gloire du Roi et pour le bien de la nation. C'est ce que souhaite avec passion la personne du monde qui est avec le plus de sincérité, Milord, etc.

LETTRE DE MONSIEUR DE MONTAIGU A MILORD ARLINGTON.

Milord,

Je ne suis guère en état de vous écrire moi-même, étant tellement incommodé d'une chute que j'ai faite en venant, que j'ai peine à remuer le bras et la main. J'espère pourtant de me trouver en état, dans un jour ou deux, de me rendre à Saint-Germain.

Je n'écris présentement que pour rendre compte à Votre Grandeur d'une chose que je crois pourtant que vous savez déjà : c'est que l'on a permis au chevalier de Lorraine de venir à la Cour et de servir à l'armée en qualité de maréchal de camp (1).

(1) *Ce passage étoit écrit en chiffres (note de l'éditeur de 1720.*

Si Madame a été empoisonnée, comme la plus grande partie du monde le croit, toute la France le regarde comme son empoisonneur et s'étonne avec raison que le roi de France ait si peu de considération pour le Roi notre maître que de lui permettre de revenir à la Cour, vu la manière insolente dont il en a toujours usé envers cette Princesse pendant sa vie. Mon devoir m'oblige à vous dire cela, afin que vous le fassiez savoir au Roi, et qu'il en parle fortement à l'ambassadeur de France, s'il le juge à propos ; car je puis vous assurer que c'est une chose qu'il ne sauroit souffrir sans se faire tort.

qui met ce passage, à partir de : « Je n'écris présentement », en italiques, pour le distinguer).

APPENDICE

APPENDICE

I. FRAGMENTS DE « LA PRINCESSE OU LES AMOURS DU PALAIS-ROYAL. »

Le comte de Guiche voyoit tous les jours Madame, et sentoit en lui-même augmenter sans cesse le plaisir qu'il prenoit à la voir, sans songer à ce qui lui en arriveroit. Mais la pente au précipice étoit grande; il ne fut pas longtemps sans reconnoître qu'il avoit fait plus de chemin qu'il ne vouloit. Madame, d'un autre côté (sans savoir les pensées du comte), le regardoit d'une manière à ne le pas désespérer : elle a un certain air languissant, et quand elle parle à quelqu'un, comme elle est toute aimable, on diroit qu'elle demande le cœur, quelque indifférente chose qu'elle puisse dire. Cette douceur est un puissant charme pour un homme sensible comme l'étoit le comte : la beauté et le rang de la personne élevèrent dans son âme tant de brillantes espérances, qu'il n'envisagea les périls de son entreprise que pour s'en promettre plus de gloire.

« Enfin il s'abandonna tout à l'amour. Je le vis (1) quelquefois rêveur et chagrin ; et, lui ayant un jour demandé ce qu'il avoit, il me dit qu'il n'étoit pas temps de l'expliquer, qu'il me répondroit précisément quand il seroit plus ou moins heureux qu'il ne l'étoit alors, et que par aventure il m'annonçoit qu'il étoit amoureux.

« A mon retour d'un voyage de trois semaines, je trouvai le comte qui m'attendoit chez moi ; mais il me parut si brillant, si magnifique et si fier, qu'à le voir seulement je devinai une partie de ses affaires. « Ah ! cher ami, me dit-il d'abord, il y a trois jours que je meurs d'impatience de vous voir ! » Et s'approchant de mon oreille : « Je ne sentois pas toute ma joie ni ma bonne fortune, poursuivit-il tout bas, ne

(1) C'est Bernard de Manicamp, un ami de M. de Guiche, qui est censé parler. Sur Manicamp, voir Bussy « Pour l'esprit, il l'avoit assez de la manière du comte de Guiche.... Naturellement ils avoient tous deux les mêmes inclinations à la dureté et à la raillerie aussi s'aimoient-ils fortement, comme s'ils eussent été de différents sexes. » (*Histoire amoureuse des Gaules*, édit. Boiteau, t. I, p. 69).

vous ayant pas ici pour vous en confier le secret. »

« Mes gens s'étant retirés, le comte ferma la porte de ma chambre lui-même, et m'ayant prié de ne l'interrompre point, il me parla en cette sorte : « Bien que je ne vous aie pas nommé la personne que j'aime, vous pouvez bien connoître que ce ne peut être que Madame, de la manière dont je vous parle; ainsi je crois que l'aveu que je vous fais ne vous surprend pas. Je sais que, si je vous avois ouvert mes sentimens dans le commencement de ma passion, vous m'auriez dit mille choses pour m'en détourner; mais elles auroient été inutiles autant que toutes celles que m'a dit ma raison, qui m'y a représenté des dangers effroyables pour ma fortune et pour ma vie, sans donner seulement la moindre atteinte à mes desseins. A n'en mentir pas, j'aimois déjà trop quand je me suis aperçu que je devois m'en défendre, et je n'ai voulu m'abstenir qu'alors que je me suis vu sans résistance; j'ai senti que j'étois jaloux presque aussitôt que je me suis vu amant. Le Roi m'a donné des chagrins si terribles qu'il a mis vingt fois le désespoir dans mon âme; il témoignoit tant d'empressement auprès de Madame que tout le monde croyoit qu'il l'aimoit et qu'elle en étoit persuadée elle-même; cela a duré deux ou trois mois, et assurément ils ont été pour moi deux ou trois siècles de souffrance. Tandis que le Roi faisoit tant de galanteries pour Madame, je la voyois tous les jours et je remarquai avec une rage extrême qu'elle les recevoit avec joie. J'en devins maigre, hâve, sec et défait, dans le temps que vous m'en demandâtes la raison ; et, ce qui pensa me faire mourir, ce fut que le Roi me demanda si j'étois malade, et Madame m'en fit la guerre. Enfin ma prudence m'alloit abandonner, et j'allois être la victime de mon silence et de mon rival (car je n'avois encore rien dit à Madame que par le pitoyable état où j'etois) lorsque je reçus une consolation à laquelle je ne m'attendois pas. Le Roi, qui avoit son dessein formé, continuoit toujours de venir chez Madame ; et, soit que son procédé eût été jusqu'alors une politique ou qu'il devînt scrupuleux, il détourna tout d'un coup les yeux de sa belle-sœur et les attacha sur mademoiselle de La Vallière (1). La manière d'agir de ce Prince fut si éclatante que peu de jours firent remarquer sa passion à tout le monde : il garda toutes les mesures de l'honnêteté, mais il ne s'embarrassa plus des égards qu'on croyoit qu'il avoit pour Madame ; et cette princesse, qui s'imaginoit que le cœur étoit pour elle, fut bien étonnée de le voir

(1) Voir p. 46.

aller à sa fille d'honneur ; de l'étonnement elle passa au ressentiment et au dépit de voir échapper une si belle conquête ; et l'un et l'autre furent si grands qu'elle ne put s'empêcher de nous en témoigner quelque chose, à mademoiselle de Montalais (1) et à moi.

« Un jour que le Roi entretenoit sa belle à trente pas de Madame : « Je ne sais, nous dit-elle tout bas, si l'on prétend nous faire servir longtemps de prétexte ; j'ai honte pour les gens de les voir s'attacher si indignement, et de voir tant de fierté réduite à un si grand abaissement. » En achevant ces paroles, elle se tourna de mon côté. « Madame, lui dis-je, l'amour unit toutes choses quand il s'empare d'un cœur ; il en bannit toutes les craintes et les scrupules, et cette sorte d'inégalité que vous condamnez n'est comptée pour rien entre les amants. Le Roi ne peut aimer dans son royaume que des personnes au-dessous de lui ; il y a peu de Princesses qui puissent l'attacher ; et, comme ses prédécesseurs, il faut qu'il porte sa galanterie aux demoiselles s'il veut faire des maîtresses. — Il me semble, reprit-elle assez brusquement, qu'ayant commencé d'aimer en Roi, il ne devoit pas

(1) Voir p. 60.

faire une si grande chute ; cela me fait connoître, ce que je ne croyois pas de lui, que, la couronne à part, il y a des gentilshommes dans son royaume qui ont plus de mérite que lui, et plus de cœur et de fermeté. Je parle librement devant vous, comte, dit-elle, parce que je crois que vous avez l'âme d'un galant homme, et que j'ai une entière confiance à Montalais. Mais je vous avoue que je voudrois que le Roi prît un autre attachement. — Qu'importe à Votre Altesse? reprit Montalais ; il a toujours à peu près les mêmes déférences, il ne voit point La Vallière qu'après vous avoir rendu visite ; si vous aimez les divertissemens, il ne tient qu'à vous d'être des parties qu'il fera. Du reste, Madame, je n'ai jamais cru que vous y dussiez prendre part, et du dernier voyage de Fontainebleau je me suis douté de ce que je vois aujourd'hui à deux conversations qu'il a eues avec elle. — Voilà justement, dit Madame, ce qui me fâche de cette aventure, dont ils m'ont voulu faire la dupe. — Et c'est pourquoi, repartis-je, Votre Altesse se peut faire un divertissement agréable, si elle veut regarder cela indifféremment. »

« Et alors Madame, se repentant d'en avoir tant dit : « Vous avez raison, dit-elle, je ferai semblant d'ignorer la chose, je ne troublerai point les plaisirs du Roi ; et je ferai si bien mon personnage, qu'il ne saura pas que sa conduite m'ait donné le moindre chagrin. Mais, pour changer de discours, qu'avez-vous eu si longtemps, continua-t-elle en s'adressant à moi, que vous aviez la tristesse dans les yeux, et presque la mort peinte sur le visage ? Dites-nous, poursuivit-elle, voyant que je demeurois immobile et que je ne faisois que soupirer, qui vous a ainsi changé ? Parlez librement, je suis de vos amies, je serai discrète et Montalais le sera aussi, car vous ne revenez au monde que depuis quinze jours. — Ah ! Madame, que voulez-vous savoir ? » lui dis-je. Je n'en pus dire davantage, et je ne sais comment je serois sorti d'un pas si dangereux, si Monsieur ne fût arrivé avec plusieurs femmes, qui se mirent à jouer au reversis. Voilà l'unique fois que sa personne m'a réjoui, car je l'aurois souhaité bien loin en tout autre temps. Le lendemain, Madame vint jouer chez la Reine, où le Roi se trouva. En sortant je donnai la main à Montalais, qui me dit assez bas : « On m'a donné ordre de vous dire que vous n'en êtes pas quitte, et qu'il faut que vous disiez ce que l'on veut savoir. Pour moi, ajouta-t-elle, je n'ai plus de curiosité pour cela ; je pense en être bien instruite, et si vous m'en croyez, vous en direz la vérité. — Si on veut que je la déclare, repartis-je, ne vaut-il pas mieux mourir en obéissant que se perdre par un silence qui me causeroit mille douleurs ? — Ne soyez pas si fou, me dit-elle ; allez, vous me faites pitié, adieu. » Je n'eus le temps que de lui serrer la main sans lui répondre, car elle se trouva à la portière du carrosse, où elle monta, et je crus qu'ayant compassion de ma peine je lui en pouvois faire confidence, ou du moins trouver quelque soulagement à l'entretenir.

« A deux jours de là, je suivis le Roi chez Madame, qui, après lui avoir fait son compliment, s'en alla chez La Vallière, où Vardes, Biscaras (1) et quelques autres le suivirent. Pour moi, je demeurai chez Madame, où j'eus le loisir d'entretenir Montalais. Tandis que la comtesse de Soissons était en conversation avec Madame, je fis ce que je pus pour gagner l'esprit de

(1) « MM. de Biscaras, de Cusac et de Rotondis etoient trois frères que M. de La Chataigneraie, grand père de M. de La Rochefoucauld, quand il etoit capitaine des gardes de Marie de Medicis, avoit fait entrer dans sa compagnie, parce qu'ils lui etoient parents. Depuis, Biscaras fut officier dans la compagnie des gendarmes de Mazarin Un demêle qu'il eut avec M. de La Rochefoucauld, du temps qu'il etoit encore M. de Marsillac, amena pour lui une serie de mesaventures, d'abord ils furent mis l'un et l'autre à la Bastille, Marsillac conduit par un exempt et Biscaras par un simple garde. Marsillac sortit le premier, et quand leur differend fut porte devant le tribunal d'honneur des marechaux, on continua à mettre entre eux une grande difference, on fit même des recherches sur la noblesse de Biscaras, elle fut enfin confirmee, et ce fait explique et autorise sa presence ici auprès du roi » (*Note du premier éditeur*).

cette fille ; je lui exprimai les sentimens de mon cœur les plus secrets, et tout ce que je pus tirer d'elle fut qu'elle vouloit bien être de mes amies, mais que je prisse garde de lui rien demander qui fût contre les intentions de sa maîtresse, et qu'elle me plaignoit de me voir prendre une visée si dangereuse. Elle me dit mille choses de bon sens là-dessus, auxquelles j'ai souvent pensé pour ma conduite, et je n'ai jamais pu savoir d'elle si Madame avoit d'aussi bons yeux qu'elle pour découvrir ma passion. Je la conjurai de me dire encore quelque chose, lorsque la comtesse sortit.

« Ce fut alors que me trouvant seul, tout le monde étant parti excepté Montalais, je tremblai de l'assaut que l'on m'alloit donner. Je n'eus pas fait cette réflexion que Madame me dit : « Eh bien, comte de Guiche, parlerez-vous aujourd'hui ? — Je ne sais pas précisément ce que je dirai, répondis-je, mais je sais bien que je vous obéirai toujours aveuglément. J'aurois bien voulu vous taire mes folies, par le profond respect que j'ai pour Votre Altesse, et parce que je ne puis faire de tels aveux sans confusion. — Je me doutois bien, reprit-elle, qu'il y avoit quelque chose, et par ce que vous venez de me dire vous avez redoublé ma curiosité ; mais assurez-vous encore une fois que vous ne hasarderez rien à la satisfaire. — J'avois besoin de cette assurance, Madame, lui dis-je, pour me résoudre tout à fait ; mais vous vous souviendrez, s'il vous plaît, que vous me l'avez ordonné. Il y a six mois, poursuivis-je, que j'aime une dame qui touche assez près à Votre Altesse pour craindre que vous ne preniez ses intérêts contre moi, et que vous ne trouviez à dire que j'aie osé élever mes yeux et mes pensées jusqu'à elle. Mais qui auroit pu lui résister, Madame? Elle est d'une taille médiocre et dégagée ; son teint, sans le secours de l'art, est d'un blanc et d'un incarnat inimitables ; les traits de son visage ont une délicatesse et une régularité sans égale ; sa bouche est petite et relevée, ses lèvres vermeilles, ses dents bien rangées et de la couleur de perles ; la beauté de ses yeux ne se peut exprimer : ils sont bleus, brillans et languissans tout ensemble ; ses cheveux sont d'un blond cendré le plus beau du monde ; sa gorge, ses bras et ses mains sont d'une blancheur à surpasser toutes les autres ; toute jeune qu'elle est, son esprit vaste et éclairé est digne de mille empires ; ses sentimens sont grands et élevés, et l'assemblage de tant de belles choses fait un effet si admirable qu'elle paroît plutôt un ange qu'une créature mortelle (1). Ne

(1) Voir pp. vij-viij et 33.

croyez pas, Madame, que je parle en amant; elle est telle que je la viens de figurer, et si je pouvois vous faire comprendre son air et les charmes de son humeur, vous demeureriez d'accord qu'il n'y a pas au monde un objet plus adorable. Je la vis quelque temps sans imaginer faire autre chose que l'admirer; mais je sentis enfin que je n'étois plus libre, et que l'embrasement étoit trop grand pour le penser éteindre; il ne me resta de raison que pour cacher le feu qui me dévoroit. Ce n'est pas que lorsque je me trouvois auprès de cette dame je ne fusse hors de moi, et que, si elle a pris garde à ma contenance et à mes petits soins, elle n'ait pu aisément remarquer le désordre où me mettoit sa présence. La crainte de me faire le rival du plus redoutable du royaume me rendit si mélancolique que j'en perdis l'appétit et le repos, et que je tombai dans cette langueur qui m'a défiguré pendant deux mois. J'étois rongé de tant d'inquiétudes que je n'avois plus guère à durer en cet état, lorsqu'il a plu à la fortune de me guérir d'un de mes maux. Ce rival, auquel je n'osois rien disputer, a pris un autre attachement et m'a délivré des persécutions que je souffrois de la première galanterie. Ainsi, me voyant moins malheureux, j'ai respiré plus doucement et j'ai repris de nouvelles forces pour me préparer à de nouveaux tourmens. »

« Madame, voyant que j'avois cessé de parler : « Est-ce là tout, comte ? me dit-elle ; le nom de cette belle, ne le saurons-nous point ? Je ne vois rien à la Cour semblable au portrait que vous avez fait, et je ne connois point non plus ce rival qui vous a fait tant de peine. — Quoi ! Madame, voudriez-vous bien me réduire à déclarer ce que je n'ai pas encore dit à la personne que j'aime ? Du moins attendez que je lui aie fait ma déclaration, pour savoir son nom ; je promets à Votre Altesse que vous le saurez aussitôt que je lui aurai parlé. — Et bien, je me contente de cela, reprit-elle ; mais je vous conseille, de quelque manière que ce soit, de l'instruire au plus tôt de vos sentimens, de peur que quelqu'autre moins respectueux que vous ne vous donne de l'esprit. Jusques à cette heure vous avez aimé comme on fait dans les livres, mais il me semble que dans notre siècle on a pris de plus courts chemins, pour faire la guerre à l'amour, que l'on ne faisoit autrefois. On prétend que ceux qui ont tant de considération n'aiment que médiocrement ; quand votre passion sera aussi grande que vous le croyez, vous parlerez sans doute. Ce n'est pas qu'une discrétion comme la vôtre soit sans mérite ; mais il faut donner de certaines bornes à toutes choses. — Ha ! Madame, lui dis-je, quand vous saurez combien il y a loin de moi à ce que j'aime, vous direz bien que je suis téméraire. »

« Je voulois poursuivre, lorsque mademoiselle de Barbezière entra, qui dit à Madame que le Roi alloit repasser. Tandis que ceux qui le précédoient entrèrent, Montalais, qui n'avoit fait qu'aller et venir par la chambre durant notre conversation, me demanda si j'étois bien sorti d'affaire. Je lui dis qu'on ne pouvoit faillir avec un aussi bon conseil que le sien. Nous n'eûmes pas loisir de nous entretenir davantage, car le Roi sortit, après avoir prié Madame de se tenir prête pour aller le lendemain dîner à Versailles, et moi je me coulai dans la presse.

. . . .

« Le Roi mena La Vallière sur le soir chez Monsieur; nous y trouvâmes la comtesse de Soissons, madame de Montespan, près de laquelle Monsieur faisoit fort l'empressé, et plusieurs autres dames de la Cour. Madame y arriva un moment après, si parée de pierreries et de sa propre beauté, qu'elle effaça toutes les autres. Je m'avançai pour me trouver sur son passage ; je la regardai avec des yeux qui marquoient quelque chose de si soumis et si rempli de crainte, que, me voyant en cet état, elle eut quelque compassion de moi et me fit un petit signe de tête si obligeant que j'en fus une demi-heure hors de moi, tant les grandes joies sont peu tranquilles. On dansa, on joua, et pendant tout ce temps je me trouvai le plus souvent que je pouvois en vue de Madame sans l'approcher. J'aurois toujours fait la même chose pendant la collation, si Montalais ne se fût approchée de moi, laquelle voyoit par mes yeux dans le fond de mon cœur, et ne m'eût averti de prendre garde à moi et à ce que je faisois ; elle y ajouta l'ordre de ne pas manquer de me trouver chez Madame le lendemain au soir, et, quelque question que je lui fisse, elle ne me voulut rien dire davantage, ni même m'écouter.

« Vous pouvez croire que je ne manquai pas de me rendre au Palais-Royal avec une exactitude extrême. Montalais me vint recevoir dans un petit passage, d'où elle me mena dans sa chambre, où nous nous entretînmes quelque temps. Je la conjurai de me dire si elle ne savoit point ce qu'on vouloit faire de moi, lorsque Madame entra elle-même ; elle étoit en robe de chambre, mais propre et magnifique. D'abord je lui fis une profonde révérence ; et, après que je lui eus donné un fauteuil, elle me commanda de prendre un siége et de me mettre auprès d'elle. Dans le même temps, Montalais s'étant un peu éloignée de nous, elle parla ainsi :

« Comte, votre malheur a pris soin de me venger de vous ; je le trouve si grand, que je veux bien vous en avertir, afin que vous vous y prépariez. J'ai lu votre billet, et, comme je le voulois brûler, Monsieur l'a arraché de mes mains et lu d'un bout à l'autre. Si je ne m'étois servie de tout le pouvoir que j'ai sur lui et de toute mon adresse, il auroit déjà fait éclater sa vengeance contre vous. Je ne vous dis point ce que la fureur lui a mis à la bouche. C'est à vous à penser aux moyens de sortir du danger où vous êtes.

— Madame, lui dis-je en me jetant à ses pieds, je ne fuirai point ce mortel danger qui me menace ; et si j'ai pu déplaire à mon adorable Princesse, je donnerai librement ma vie pour l'expiation de ma faute. Mais si vous n'êtes point du parti de mes ennemis, vous me verrez préparé à toutes choses avec une fermeté qui vous fera connoître que je ne suis pas tout à fait indigne d'être à vous. — Votre parti est trop fort dans mon cœur, reprit-elle en me commandant de me lever et me tendant la main obligeamment, pour me ranger du côté de ceux qui voudroient vous nuire. Ne craignez rien, poursuivit-elle en rougissant, de tout ce que je vous viens de dire de votre billet :

personne ne l'a vu que moi. J'ai voulu vous donner d'abord cette alarme pour vous étonner. Croyez que je ne saurois vous mal traiter sans être infidèle aux sentimens de mon cœur les plus tendres. J'ai remarqué tout ce que votre passion et votre respect vous ont fait faire, et, tant que vous en userez comme vous devez, je vous sacrifierai bien des choses et je ne vous livrerai jamais à personne. — Est-il possible, lui dis-je, que Votre Altesse ait tant de bonté, et que la disproportion qui est entre nous de toute manière vous laisse abaisser jusqu'à moi ? C'est à cette heure, Madame, que je connois que j'ai de grands reproches à faire à la nature et à la fortune, de ce qu'elles m'ont refusé de quoi offrir à une personne de votre mérite et de votre rang. Mais, Madame, si un zèle ardent et fidèle, si une soumission sans réserve vous peut satisfaire, vous pouvez compter là-dessus et en tirer telles preuves qu'il vous plaira. — Comte, répondit-elle, j'y aurai recours quand il faudra ; soyez persuadé que, si je puis quelque chose pour votre fortune, je n'épargnerai ni mes soins ni mon crédit. — Ah ! Madame, lui dis-je, jamais pensée ambitieuse ne se mettra avec ma passion. — Hé bien, repartit-elle, si pour vous satisfaire il faut faire quelque chose pour vous, on vous permet de croire qu'on vous aime. »

« Et alors, voyant que Montalais n'étoit plus dans la chambre, je me laissai aller à ma joie, et, à genoux comme j'étois, je pris une des mains de Madame, sur laquelle j'attachai ma bouche avec un si grand transport que j'en demeurai tout éperdu. Je fus une demi-heure en cet état, sans pouvoir prononcer une parole et sans avoir seulement la force de me lever. Je commençois un peu à revenir, lorsque Montalais vint avertir Madame qu'il étoit temps qu'elle retournât dans sa chambre, où Monsieur alloit venir. Je ne fus pas fâché de cet avis, car je me sentois en un abattement si grand, que je serois mal sorti d'une conversation plus longue. Elle ne me donna pas le temps de dire un mot, et, s'étant levée de sa place : « Venez, Montalais, dit-elle, je vous le remets entre les mains ; ayez en soin, je crois qu'il est malade...... »

II LETTRE D'HENRIETTE D'ANGLETERRE A LA PRINCESSE PALATINE (1).

De Saint-Cloud, le 29 juin 1670.

Il est juste de vous rendre compte d'un voyage que vos soins ont tâché de rendre heureux du seul côté

(1) Anne de Gonzague, née en 1616, morte en 1684.

où il pouvoit manquer à l'être (1). Je vous avouerai que j'étois à mon retour persuadée que tout le monde en seroit content, et je trouve les choses beaucoup pires que jamais. Vous savez, pour me l'avoir dit de la part de Monsieur, qu'il désiroit trois choses de moi : la première, que j'établisse une confiance sur toutes les affaires entre le Roi mon frère et lui, que je lui procurasse la pension de son fils (2) et que je fisse quelque chose pour le chevalier de Lorraine. Le Roi mon frère a eu assez de bonté pour moi, dans l'assurance que je lui ai donnée qu'il ne trouveroit plus à Monsieur des procédés aussi bizarres que ceux qu'il a eus sur le voyage, pour me donner sa parole qu'il se fieroit à Monsieur, pour peu qu'il se trouvât comme je lui disois ; il a offert de plus à Monsieur de donner retraite au chevalier de Lorraine dans son royaume jusqu'à ce que, les choses étant un peu radoucies, il pût faire davantage en sa faveur. Pour la pension, j'ai beaucoup d'espérance de l'obtenir, pourvu que je puisse répondre que Monsieur en sera assez content pour finir une comédie qu'il n'y a que trop longtemps qu'il donne au public ; mais vous comprenez bien que je ne suis pas en droit de la de-

(1) C'est-à-dire de donner à ce voyage l'agrément de Monsieur.
(2) Mort en bas âge.

mander après tout ce que Monsieur a fait pour m'empêcher de l'obtenir, à moins que je ne puisse assurer qu'il y va du repos domestique, et qu'il ne me prendra plus à partie de tout ce qui se passe dans toute l'Europe. Je lui ai parlé de tout ceci, ne doutant guère que je ne fusse bien reçue ; mais, comme de toutes choses, le retour du chevalier n'est pas présent, Monsieur m'a déclaré que tout le reste étoit inutile, et que je devois m'attendre à tout ce qu'il y avoit de fâcheux pour moi dans la perte de ses bonnes grâces, jusqu'à ce que je lui eusse fait rendre le chevalier. Je vous avouerai que j'ai été extrêmement surprise de ce procédé, si différent de ce que je l'attendois. Monsieur souhaite l'amitié du Roi mon frère, et quand je lui offre, il l'accepte comme s'il lui faisoit de l'honneur ; il refuse le parti d'envoyer le chevalier en Angleterre, comme si les choses se raccommodoient en ce siècle d'un quart d'heure à l'autre, et traite la pension d'une bagatelle. Il n'est pas possible que Monsieur fasse la moindre réflexion, et qu'il puisse rester dans les sentiments où il est, et j'ai tout sujet de penser qu'il veut se plaindre de moi préférablement à toutes choses en lui voyant prendre mes soins de la manière qu'il fait. Le Roi a eu la bonté de lui faire des serments extraordinaires que je n'avois aucune part dans l'exil du chevalier, et que son retour ne dépendoit point de moi ; mon malheur l'empêche de croire le Roi, qui n'a jamais dit ce qui n'étoit pas, et le même malheur m'empêchera peut-être de le servir dans un temps où cela ne seroit pas impossible, et où les actions qu'il exige tant peuvent être mises en pratique.

Voilà, ma chère cousine, l'état de mes affaires. Monsieur a désiré trois choses de moi, je crois lui en procurer deux et demie, et il s'acharne précisément à ce que je ne puis, et ne compte pour rien l'amitié du roi mon frère, ni ses intérêts particuliers ; quant à moi j'ai fait plus que je n'espérois ; mais si je suis assez malheureuse pour que Monsieur continue dans cet acharnement sur tout ce qui me regarde, je vous déclare, ma chère cousine, que je lerrai (1) tout là, et ne penserai plus ni à la pension, ni au retour du favori, ni à la liaison du Roi mon frère ; la première et la dernière de ces choses sont difficiles à obtenir, et peut-être que tout autre les compteroit d'une grande conséquence ; mais il n'y a rien si facile à détruire, il n'y a qu'à n'en plus parler, et observer en cela la maxime que Monsieur garde en

(3) « Autrefois on disait, et aujourd'hui encore le peuple dit, je lairrai pour je laisserai, je lairrais pour je laisserais. » Littré.

toutes choses où je le prie de s'expliquer en ma faveur; et quant au retour du chevalier, si mon crédit y pouvoit autant que Monsieur se l'imagine, je crois vous l'avoir déjà dit, l'on ne me fera jamais rien faire à coup de bâton ; ainsi, comme deux des choses que Monsieur m'avoit demandées sont inutiles pour ravoir l'honneur de ses grâces, et qu'il ne veut pas chercher les voies de parvenir à la troisième, mais désire la trouver faite d'une manière impraticable dans tous les temps, mais plus dans celui-ci où le Roi ne fait que ce qui lui plaît, je pense que le seul parti que j'aie à prendre, après vous avoir dit ce que je puis, c'est d'attendre la volonté de Monsieur ; s'il veut que j'agisse, je le ferai avec la dernière joie, n'en pouvant avoir de véritable que je n'aie ses bonnes grâces, sinon je me tiendrai dans un silence proportionné à l'état où je serai auprès de lui, attendant tous les méchans traitemens dont il se pourra aviser, desquels je ne me défendrai jamais qu'en tâchant de ne lui pas donner occasion par ma conduite de me blâmer; sa haine est volontaire, l'estime ne l'est pas, et j'ose dire que, si j'ai l'une sans l'avoir méritée, je ne suis pas absolument indigne de l'autre par beaucoup d'endroits; c'est ce qui me console en quelque façon dans l'espérance qu'il peut y avoir des retours favorables pour moi ; vous y pouvez plus que personne, et je suis si persuadée que les intérêts de Monsieur et les miens vous sont chers, que j'espère que vous y travaillerez. Je n'ai qu'une chose de plus à vous faire remarquer, c'est que, quand on laisse perdre les occasions, elles ne se retrouvent pas toujours ; j'en vois une favorable pour la pension, et l'avenir est douteux ; après quoi je vous dirai que la vôtre d'Angleterre sera payée, le Roi mon frère m'en a donné sa parole ; les personnes par qui ces choses doivent passer m'ont promis d'y apporter toutes les facilités possibles, et si vous étiez ici, nous travaillerions aux moyens de l'établir, car vous savez que je n'étois pas assez bien instruite pour faire autre chose que de tirer les paroles qu'on m'a données ; je souhaiterois pouvoir trouver d'autres moyens de vous témoigner ma tendresse, je le ferois avec le plus grand plaisir du monde (1).

(1) Cette lettre a été publiée dans les *Archives de la Bastille*, t. IV, p. 33

TABLE

TABLE

INTRODUCTION.

HISTOIRE D'HENRIETTE D'ANGLETERRE.

APPENDICE.

1859. — ABBEVILLE. — TYP. ET STER. GUSTAVE RETAUX

BIBLIOTHÈQUE DES FRANÇAIS

Volumes in-16 imprimés en caractères elzéviriens sur papier vergé à la cuve, fabriqué spécialement pour cette collection, avec portraits gravés à l'eau-forte, frontispice, têtes de pages, fleurons et culs-de-lampes dessinés par Grasset et Kreutzberger d'après les maîtres ornemanistes de l'époque.

EN VENTE

FABLES DE LA FONTAINE, 2 vol., avec portrait de La Fontaine, gravé à l'eau-forte par Frédéric Régamey.

Les deux volumes . . . . 10 fr.

HISTOIRE D'HENRIETTE D'ANGLETERRE, par Madame de La Fayette, avec une introduction par Anatole France, 1 vol. avec un portrait d'Henriette d'Angleterre, gravé à l'eau-forte d'après Audran, par Boulard fils et le portrait de la même d'après Claude Mellan . . . . 5 fr.

SOUS PRESSE

THÉATRE DE LA FONTAINE, avec notices et notes par M. Brunot.

MAXIMES DE LA ROCHEFOUCAULD, publiées par M. Paul Hervieu.

EN PRÉPARATION

ŒUVRES DE MOLIÈRE, publiées par M. Théophile Cart.

CONTES DE LA FONTAINE, publiés par M. Brunot.

ŒUVRES DE RACINE, CORNEILLE, BOSSUET, LESAGE, BEAUMARCHAIS, MONTAIGNE, MADAME DE SÉVIGNÉ, REGNIER, ETC.

LA BIBLIOTHÈQUE DES FRANÇAIS, est publiée sous la direction littéraire de M. Anatole France et sous la direction artistique de M. Fernand Calmettes.

www.ingramcontent.com/pod-product-compliance
Ingram Content Group UK Ltd.
Pitfield, Milton Keynes, MK11 3LW, UK
UKHW021054220726
13924UKWH00005B/2095

9 782019 677268